Wandern
auf dem
Rennsteig
Thüringer Wald

Stefan Etzel

DUMONT aktiv

Inhalt

Bitte schreiben Sie uns, wenn sich etwas geändert hat!
Alle in diesem Buch enthaltenen Angaben wurden vom Autor nach bestem Wissen erstellt und von ihm und dem Verlag mit größtmöglicher Sorgfalt überprüft. Gleichwohl sind – wie wir im Sinne des Produkthaftungsrechts betonen müssen – inhaltliche Fehler nicht vollständig auszuschließen. Daher erfolgen die Angaben ohne jegliche Verpflichtung oder Garantie des Verlages oder des Autors. Beide übernehmen keinerlei Verantwortung und Haftung für etwaige inhaltliche Unstimmigkeiten. Wir bitten dafür um Verständnis und werden Korrekturhinweise gerne aufgreifen:

DuMont Buchverlag, Postfach 10 10 45, 50450 Köln
E-Mail: reise@dumontverlag.de

Wandern auf dem Rennsteig

Wandersaison

Die besten Wandermonate sind Juni bis September, aber auch Mai und Oktober können schon bzw. noch gute Bedingungen bieten, während der anderen Zeit ist zumindest in den Hochlagen mit Schnee zu rechnen.

Anspruch

In der Rubrik ›Die Wanderung in Kürze‹ wird jeweils darauf hingewiesen, ob es sich bei der Wanderung um eine einfache (+), eine mittelschwere (++) oder eine anspruchsvolle (+++) Tour handelt.

Gehzeiten

Bitte beachten Sie: Alle in diesem Wanderführer aufgeführten Zeiten verstehen sich als reine Gehzeiten. Rechnen Sie bei der Planung einer Tour noch etwa ein Fünftel bis ein Viertel der Zeit hinzu, um Pausen für die Rast oder zum Fotografieren, Abstecher oder schlimmstenfalls ein Verlaufen zu berücksichtigen. Auch ein Wettersturz, abgerutschte Wege oder angeschwollene Bäche können die Wanderzeit erheblich verlängern.

Wege und Markierungen

Raue, aber auch feuchte Wege sind typische Eventualfälle im Thüringer Wald, bei denen Turnschuhe, Sandalen o. ä. Schuhwerk nicht die reinste Freude bereiten. Die weichen, erdigen Waldwege sind bei trockenem Sommerwetter ein herrlicher Wandergrund, weichen aber bei Regen schnell auf, was bei Abstiegen leicht zur Rutschpartie werden kann. Steil sind die Thüringerwaldhänge nun einmal von Natur aus, ideal bekanntlich für Rodler und

Skispringer. Die Markierungen der Wanderwege sind vorbildlich und werden durch zahlreiche Wanderwegweiser ergänzt.

Ausrüstung

Der klasssische Wanderstiefel ist im Thüringer Wald das ideale Schuhwerk: Griffige Sohle plus optimaler Halt für den Fuß verbinden sich mit relativ gutem Feuchtigkeitsschutz, und bei gutem Wetter sind sie auch nicht zu schwer. Müßig zu betonen, dass neue Stiefel vor der großen Tour gut eingelaufen sein sollten. Bei der Kleidung passt sich das »System Zwiebel« am besten an wechselnde Witterungsbedingungen an: Besser zwei, drei dünne Pullis als einen dicken Pullover, T-Shirt und langärmeliges Hemd ergänzen einander, Anorak und/oder Faserpelz schirmen das Ganze nach außen ab, gekrönt vielleicht noch von einem Regen- oder Sonnenhut. Der Wanderstock, am besten ein Teleskopstock, als »drittes Bein« entlastet nicht nur die Beine, auch als Rutschbremse leistet er gute Dienste auf den oft steilen Abstiegen des Thüringer Waldes.

Wanderkarten

Empfehlenswert für die Rennsteigtour ist die topographische Karte des Thüringer Landesvermessungsamt 1:50 000 in 5 Blättern mit kurzer Wegbeschreibung und Informationen. Für die Tagestouren empfehlen sich die Wanderkarten von Fritsch, Westlicher bzw. Östlicher Thüringer Wald (s. Infos zu den einzelnen Touren). Wer sich intensiver mit Natur, Kultur und Geschichte des Wandergebietes befassen möchte, sei auf den faktenreichen und zugleich gut zu lesenden Klassiker zu diesem Thema verwiesen: Otto Ludwig: Der Rennsteig; Erfurt 1996 (Verlagshaus Thüringen).

Mit Bus und Bahn

Die Ausgangspunkte der Touren sind zwar mit öffentlichen Verkehrsmitteln zu erreichen, diese sind aber mehr auf den Berufs- und Schulverkehr ausgelegt als auf die Bedürfnisse der Wanderer. Busse fahren meist nur morgens und abends, und häufig nur an Werktagen, so dass sich eine genaue Erkundigung beim jeweiligen Verkehrsamt empfiehlt.

SYMBOLE IN DEN KARTEN

Gasthaus, Imbiss	Wegkreuz
Schutzhütte, Unterstand	Rastplatz
Kirche	Höhle
Burg, Schloss	Wasserfall
Aussichtsturm	Quelle
Wappenstein, Denkmal	Hervorragender Laubbaum
Bergwerk (in Betrieb)	Schwimmbad
Bergwerk (aufgelassen)	Sendemast
Mühle	

Das »grüne Herz Deutschlands«

»Das grüne Herz Deutschlands« – dieser Slogan kam schon vor 1900 auf, als sich der Thüringer Wald zu einer beliebten Sommerfrische mauserte. Einige Generationen zuvor hätte es noch »schwarze Lunge« heißen müssen, denn das verkehrsgünstig zwischen großen Handelsplätzen wie Nürnberg und Leipzig gelegene Waldgebirge war eines der großen mittelalterlichen Industriereviere Deutschlands. Der wegen seiner unermesslichen Buchenwälder ursprünglich einfach »Loibe« (Laubwald) genannte Höhenzug barg nämlich reiche Eisenerzschätze, über denen praktischerweise gleich das Brennholz zum Schmelzen und Schmieden wuchs – ideale Bedingungen also für die frühe Eisenindustrie, deren Produkte in der sich immer aufwendiger rüstenden Ritterzeit reißenden Absatz fanden.

Für den Wald bedeutete das jahrhundertelangen Raubbau, zumal noch die Glaserzeugung als holzverschlingendes Gewerbe dazu kam. Ausgangs des Mittelalters begann sich die Loibe daher schon bedenklich zu lichten, um 1750 hatte der Kahlschlag die Höhenlagen erreicht, Holz wurde knapp Das war der Anstoß für den Aufbau einer planmäßigen Forstwirtschaft, die im Thüringer Wald ihre Wiege hatte.

Die großflächigen Neupflanzungen, die nach 1800 von dem Gebiet zwischen Eisenach und Inselsberg ihren Ausgang nahmen (Forstakademie Ruhla), hätten aber wohl den Wald nicht gerettet, hätte nicht gleichzeitig die Steinkohle ihren Siegeszug als Primärenergieträger angetreten. Das zog die Schwerindustrie innerhalb weniger Jahrzehnte aus den Waldgebieten ab zu Ruhr, Saar und ähnlichen Standorten. Dadurch konnte der Nachwuchs nachhaltig den Aushieb überwiegen – wobei freilich die Fichte als schnellwüchsiger Erwerbsbaum zu Ehren kam, was den Charakter der früheren Loibe bis heute prägt.

Als dann ab Mitte des 19. Jh. die bürgerliche Wanderbewegung das Gebirge zu erobern begann, waren die neu angelegten Forsten gerade so weit gediehen, dass zeitgemäße Schlagwörter wie »walddunkel« mit dem Thüringer Wald verbunden werden konnten, der das Glück hatte, schon früh als Tourismusregion entdeckt zu werden. Dieser Trend wurde um 1900 noch durch den Aufschwung des Rennsteigs zum Parade-Fernwanderweg des Deutschen Reiches verstärkt – wer ihn nicht erwandert hatte, dem wurde zu Zeiten des Wandervogels eine beklagenswerte Bildungslücke attestiert.

Ist vom Thüringer Wald die Rede, so ist meist pauschal der gesamte Höhenzug gemeint, der sich als Teil der mitteldeutschen Gebirgsschwelle zwischen Werra und Saale erstreckt und dabei von West nach Ost allmählich an Breite gewinnt. Genaugenommen handelt es sich jedoch um ein Doppelgebirge mit fließendem Übergang – **Thüringer Wald** und **Thüringer Schiefergebirge** –, dem sich im Osten noch der nördliche Zipfel des Frankenwaldes anschließt. Die gesamte Ausdehnung dieses Höhenzuges wird vom **Rennsteig** nachgezeichnet, auf dem man durch Wechsel des Gesteins wie auch der Landschaftsform den Übergang beider Gebirge sehr anschaulich erlebt: Wandert man im Westen des Rennsteiggebiets (Thüringer Wald) auf eher schmalem Kamm mit steiler Abdachung dahin, so verbreitert sich im Osten (Thüringer Schiefergebirge) die Kammregion. Und das Gestein, das unter den Wanderstiefeln knirscht, ist im Thüringer Wald rötlich (Rotliegendes und Porphyre), im Osten dagegen nimmt es die dunkelgraue Farbe des Schiefers an. Das gilt auch für die Häuser, die im Schiefergebirge typischerweise mit dem Leitgestein der Gegend gedeckt und verkleidet sind.

Der Spitterfall

Der Rennsteig

Der Rennstieg ist's: die alte Landesscheide,
die von der Werra bis zur Saale rennt
und Recht und Sitte, Wildbann und Gejaide
der Thüringer von dem der Franken trennt.
Du sprichst mit Fug, steigst du auf jenem Raine:
Hie rechts, hie links! Hie Deutschlands Süd, dort Nord ...
Wenn hie der Schnee schmilzt, strömt sein Guss zum Maine,
was dort zu Tal träuft, rinnt zur Elbe fort.
Doch auch das Leben weiß den Pfad zu finden,
was Menschen trennt, das muss sie auch verbinden.
(Viktor von Scheffel 1863)

Der Rennsteig war der populärste Fernwanderweg des Deutschen Reiches, weil er ein Symbol für dessen Einigung war. Kein anderer Wanderweg kreuzte oder begleitete so viele alte Landesgrenzen wie dieser Höhenweg auf dem Kamm des Thüringer Waldes, einer Nahtstelle der ganz besonders zersplitterten Thüringer Staatenwelt. Noch im 19. Jh. lernte man auf der 168-km-Wanderung ein Dutzend verschiedener Herren Länder kennen, wobei der Rennsteig auf 73 km selbst Grenze war und auf den restlichen 95 km wechselnde Landeszipfel durchschnitt.

Bevölkert war und ist dieses »Museum deutscher Kleinstaaterei« von über 1300 barocken Wappengrenzsteinen, »ehrwürdigen

Grenzaltertümern«, wie das historienbegeisterte 19. Jahrhundert jubilierte. »Kein Gebirge der Welt hat etwas Ähnliches aufzuweisen wie den uralten Rennstieg«, schwärmte denn auch »Rennsteigvater« August Trinius (s. S. 46) in seinem vergnüglichen Wanderbuch von 1890, das den Rennsteig-»Boom« auslöste. Schon 1847 hatte Thüringens Sagensammler Ludwig Bechstein den Bergpfad als »erhabenes, altdeutsches Epos« besungen, das nur solchen Wissenden ersprießlich sei, die auf ihrer »Pilgerfahrt zum hohen Montserrat Thüringens, frommen Einsiedlern gleich, mit Goethes Pater profundus aus tiefer Region zur verklärten Höhe aufschauen und sie mit reinem Gefühl zu begrüßen und zu gewinnen vermögend sind.«

Kein Wunder, dass sich das Bildungsbürgertum auf den Rennsteig stürzte. »Ein deutscher Bergpfad ist's, die Städte flieht er!« rief Viktor von Scheffel 1863 – just als der Siegeszug der Eisenbahn dies massenhaft zu ermöglichen begann und das Wanderfieber ausbrach in den deutschen Landen.

Damals hatte der Ruhlaer Fabrikant und Weltreisende Alexander Ziegler mit einem umfänglichen Werk voll historischer und volkskundlicher Fakten die Rennsteigforschung gerade auf den Weg gebracht. Eine Generation zuvor war der exakte Verlauf des Höhenweges durch den Topographen Julius von Plänckner (s. S. 22) festgelegt worden, der 1829 als erster Mensch den Rennsteig in gesamter Länge gewandert war.

Der Rennsteig war im Mittelalter nur im Inselsberggebiet namentlich bekannt, doch lässt sich in alten Grenzbeschreibungen verfolgen, wie sich die Bezeichnung dann bis ins 17. jh. allmählich nach Osten ausbreitete, bis in die Gegend von Neuhaus. Nach dem Dreißigjährigen Krieg wird dieser Rennsteig erstmals als großes, länderübergreifendes »Projekt« gesehen, als Herzog Ernst der Fromme den Kammweg auf seiner gesamten Länge erforschen, vermessen und kartieren ließ, um notfalls rasche Truppenbewegungen im Schutz des Waldes ausführen zu können – gegen Böhmen und das von den Türken bedrohte Wien.

Auf Grundlage dieser militärischen Vorsicht entsprungenen Kartenrisse verfasste Christian Juncker 1703 die erste ausführliche Rennsteigbeschreibung, die aber von seinem Landesherrn – wiederum aus militärischer Vorsicht – unterdrückt wurde. Dieser »Junckersche« Rennsteig weicht an den Endpunkten um ein paar Kilometer vom »Pläncknerschen« ab, was aber niemanden mehr interessierte, nachdem Plänckners Route in den 1830er Jahren Eingang in die ersten Rennsteig-Führer und -Karten erlangt hatte.

Als »Bahn, die man von Rennen nennt« erklärte übrigens schon 1649 Veit Ludwig von Seckendorf den Namen des Kammweges – ein Urteil, dem auch die heutige Sprachwissenschaft wenig hinzuzufügen hat. Eine Verkehrsader aber war der Rennsteig selbst dort, wo er befahrbar war, wohl nie. Hier und da bot er sich als Verbindung zwischen einzelnen Passübergängen an, diente aber nicht als durchgehende Route.

Wappen und Dreiherrnsteine

Zu den Glanzlichtern des Rennsteigs gehören die prächtigen Wappengrenzsteine, die ihn in seiner Osthälfte zum Teil noch in regelrechter Reihe säumen.

Die mit Abstand häufigsten Wappensymbole auf dem Rennsteig sind die Sächsische Raute und die Schwarzburger Gabeln, vereinzelt begegnen uns auch Henneberger Henne, Brandenburger Adler und Bamberger Löwe.

Die sächsische Raute

Da die Wappen auf den Grenzsteinen nicht farbig sind, erkennt man nicht gleich, was die leicht gebogen von links oben nach rechts unten (vom Betrachter aus gesehen) sich über den Schild legende Leiste im sächsischen Wappen darstellen soll, die in regelmäßigen Abständen einseitig mit Zacken o. ä. besetzt ist.

In der farbigen Ausgabe – z. B. dem Wappen des Bundeslandes Sachsen – erkennt man, dass diese Leiste grün ist (auf neunfach horizontal schwarz/gold geteiltem Schild) und offenbar aus dem Pflanzenreich stammt. Die Heraldik bezeichnet sie als »Rautenkranz«, weiß aber nicht anzugeben, warum dieses Gartengewächs Eingang in das Wappen des sächsischen Stammhauses Wettin fand. Aufgrund ihrer kräftigen, aber biegsamen Stengel eignet sich die Mauerraute gut zum Flechten von Kränzen u. ä., und als ein solcher Rautenkranz im Sinne eines Herrschaftssymbols ist die gebogene Leiste im sächsischen Wappen zu verstehen – der nämlich so von der Seite betrachtet wird, dass man nur ein Segment sieht!

Schwarzburger Gabeln

Das zweithäufigste Wappenbild auf dem Rennsteig sind die Schwarzburger Gabeln, zwei zweizinkige Gabeln mit Stiel, die in den unterschiedlichsten Anordnungen auftreten, meist jedoch gekreuzt. Vermutlich handelt es sich um ein altes Symbol des Bergrechts und stellt Schürf- oder Schlackengabeln dar, da für das Fürstentum Schwarzburg der Bergbau in besonderer Weise von Bedeutung war.

Henneberger Henne
Die gefürsteten Grafen von Henneberg hatten lange Zeit großen Einfluss im mittleren Rennsteiggebiet, weswegen noch heute zum Beispiel Ilmenau und Suhl die Henne in ihrem Wappen führen. Auf dem Rennsteig begegnet sie uns am Obelisk auf dem Rondell bei Oberhof (3. Tag) und auf der Westfläche des Großen Dreiherrnsteins (4. Tag), auf der die schon stark verwitterte Henne gerade noch so zu erkennen ist.

Brandenburger Adler
Man stutzt zunächst: »Brandenburg? Hier unten?«, aber wie stets in solchen Fällen erhellt ein Hinweis auf die einstige deutsche Kleinstaaterei den Sachverhalt: Die fränkischen Hohenzollern hatten als Nebenlinie der Brandenburger über Jahrhunderte hinweg Besitzungen im östlichen Rennsteiggebiet als Teil der Markgrafschaft Bayreuth, deren Wappenvogel der Brandenburger Adler war.

Einem prächtigen Exemplar begegnen wir an der Schildwiese (7. Tag). Bis zum Ende des letzten Krieges war der Brandenburger Adler auch auf der jetzt leeren Seite des Dreiwappensteins am Kießlich zu sehen (7. Tag) und wurde vermutlich von amerikanischen oder russischen Soldaten als Symbol Preußens aufgefasst und abgeschlagen.

Bamberger Löwe
Eine Sonderstellung nehmen die vier Wappen der Bamberger Bischöfe auf dem Schönwappenweg ein (7. Tag), von denen drei besonders prächtig gestaltet sind. Allen gemeinsam ist der Bamberger Löwe, der auf dem Kleinen Bischofsstein in einfacher Gestalt, auf dem Dreiwappenstein, dem Großen Bischofsstein und dem Kurfürstenstein jedoch doppelt in diagonalen Feldern dargestellt ist, zusammen mit Familieninsignien der jeweils amtierenden Bamberger Bischöfe.

Die Dreiherrnsteine
Könige der über 1300 alten Grenzsteine des Rennsteigs sind die Dreiherrnsteine, die jene Punkte markieren, wo einst die Grenzen dreier Herrschaften aneinander stießen. Wieviele es heute noch sind, darüber schwanken die Angaben. Meist werden 13 genannt, was aber auf generationenlangem Abschreiben statt Nachzählen beruht, denn tatsächlich stehen heute nur noch sieben Dreiherrnsteine am Rennsteig:

Dreiherrnstein auf dem Großen Weißenberg (2. Tag)
Hessenstein (3. Tag)
Großer Dreiherrnstein (4. Tag)
Dreiherrnstein auf der Hohen Heide (5. Tag)
Dreiherrnstein am Saarzipfel (6. Tag)
Dreiherrnstein auf der Hohen Laach (6. Tag)
Dreiwappenstein am Kießlich (7. Tag)

Die Pfingstrunst

Von allen Büchern, die im 19. Jh. über den Rennsteig erschienen, hatte die 1890 erschienene launige Schilderung einer Rennsteigfahrt von August Trinius den durchschlagensten Erfolg. Seinen Spuren folgte nun das breitere Wanderpublikum. In einer Zeit, in der wagemutige Männer ferne Kolonien eroberten, Nansen Südgrönland auf Skiern durchquerte und Karl May an seinem »Winnetou« schrieb, wird hier die Rennsteigwanderung als wohltemperierte Aventure für Normalverbraucher dargestellt.

Nun fehlte nur noch – ein Verein. Am 3. Oktober 1892 verfasste der Gymnasiallehrer Dr. Ludwig Hertel einen Aufruf zur Gründung eines Rennsteigvereins, den er ins Gästebuch des Forsthauses Weidmannsheil einschrieb. Bald meldeten sich Gleichgesinnte, und am Pfingstsonntag des Jahres 1896 konnte der Rennsteigverein von elf Enthusiasten schließlich ins Leben gerufen werden.

Schon bald bildeten sich im Rennsteigverein gewisse Sprach- und Wandergebräuche heraus, durch welche sich die »Renner« von gewöhnlichen Wandervögeln unterschieden. So bereicherte man den deutschen Wortschatz zur Bezeichnung der Rennsteigwanderung um die Neubildung »Runst«, die nach dem Muster kennen – Kunst, brennen – Brunst von Rennen abgeleitet ist. Statt Kassen- heißt es »Säckelwart«, der Vereinsvorsitzende ist der »Fürsteher«, gesellige Zusammenkünfte heißen »Sippung«, Mahlzeiten »Atzung«. Und während sich bei den anderen Wanderbünden der Gruß »Frisch auf!« durchsetzte, grüßen sich die Renner mit »Gut Runst!«.

Am wundersamsten aber erscheint das Ritual, mit welchem die Rennsteigwanderung gewissermaßen als Einweihungsweg zelebriert wurde. Die offizielle sechstägige Runst fand alljährlich zu Pfingsten in 6 Etappen statt und führte die Jungrenner in den Bund der Altrenner ein. Unterwegs wurde jeden Morgen der Wanderkreis gebildet und der Runstgesang angestimmt, ein Ritual, das auch an bedeutsamen Punkten des Rennsteigs vollzogen wurde, etwa am Wartburgblick auf der Hohen Sonne, um den Großen Dreiherrnstein, vor dem Waldhaus Weidmannsheil usw.

Gut Runst! Gut Runst, Gut Runst!
Oh lebe fort auf edle Art,
du herrlich schöne,
du schöne Rennsteigfahrt!

Hinzu kommen als weitere Weihehandlungen: das stille Gedenken auf dem Glöckner, das Messerwetzen am Dreiwappenstein, der Ritterschlag am Kurfürstenstein. Mit dem »Ritterschlag« am Kurfürstenstein gegen Ende der Wanderung wurde die Aufnahme bekräftigt. Jeder erhielt im Verlauf der Runst einen Wandernamen wie »Rheingraf«, »Walküre«, »Glückspilz« u. ä., mit dem er oder sie fortan auf dem Rennsteig gerufen wurde. Über Berufe zu reden war tabu. Durch die Überreichung des »Ehrenschildleins« – Mutter aller deutschen Wanderabzeichen – am Ende der Wanderung werden die Renner schließlich in den Stand der Vollmitgliedschaft erhoben.

Mit der ersten Nachkriegsrunst 1991 wurde begonnen, das alte Brauchtum wiederzubeleben. Neu hinzugekommen war aus der DDR-Ära das 1951 entstandene »Rennsteiglied«, das als immergrüner Volksmusikschlager allen Thüringern geläufig ist: »Ich wandre ja so gerne am Rennsteig durch das Land«. Der Refrain »Bin ich weit in der Welt, habe ich Verlangen, Thüringer Wald nur nach dir« klang angesichts der beschnittenen Reisemöglichkeiten wohl auch ein bisschen ironisch.

Die Verlaufsrichtung

Ob man nun in Hörschel bei Eisenach startet oder aber 168 km östlich in Blankenstein – im Prinzip gelten beide Verlaufsrichtungen der Rennsteigwanderung als gleichwertig. So startet ja auch die offizielle Pfingstrunst in jährlichem Wechsel einmal in Hörschel, das andere Mal in Blankenstein. Dennoch gilt vielen die Richtung Hörschel–Blankenstein als »eigentliche« Rennsteigrichtung, wie sie im übrigen auch auf dem Ehrenschildlein des Rennsteigvereins angegeben ist. Auch ist Hörschel heute von der ganzen Atmosphäre her eher »Tor zum Rennsteig«, als man dies von Blankenstein sagen könnte.

Andererseits spricht auch manches für die Richtung Blankenstein-Hörschel, z.B. die »Dramaturgie«: Man wandert von der weniger bekannten, weniger imposanten Gegend in den ›eigentlichen‹ Thüringer Wald. Außerdem kann diese Verlaufsrichtung auch als leichter gelten: Nicht nur, dass der Startpunkt schon über 200 m höher liegt als in Hörschel, die letzten 33 km führen zudem von 916 m kontinuierlich bergab auf 200 m mit nur kleineren Zwischenanstiegen – in der Hauptrichtung dagegen ist es genau umgekehrt.

Tour 1

Die Rennsteigwanderung

In 8 Tagen von Hörschel nach Blankenstein

Der Rennsteig präsentiert sich heute als wohlpräparierter Volkswanderweg, der auch für unerfahrene Fernwanderinnen und -wanderer geeignet ist. Mit großem Aufwand wurde während der letzten Jahre die Trasse saniert, Feuchtstellen trocken gelegt, auf Straßen verlaufende Passagen auf z. T. eigens angelegte Parallelpfade verlegt, Beschilderung und Markierung verbessert. Darüber hinaus wurden im Abstand von 1–2 km Schutzhütten errichtet, so dass niemand mehr das mitunter launische Wetter auf den Höhen des Thüringer Waldes fürchten muss.

Länge: 168 km

Dauer: 8 Tage; 45 Std. reine Gehzeit

Markierung: Weißes »R«

Wanderkarten: Thüringer Landesvermessungsamt 1:50000, topographische Karte in 5 Blättern mit kurzer Wegbeschreibung und Informationen

Anreise/Heimreise: Da die beiden Endpunkte des Rennsteigs nicht durch eine direkte Bahnlinie verbunden sind, hat man bei Anreise mit dem Auto ein Problem, da es einer über fünfstündigen Bahnfahrt mit mehrfachem Umsteigen bedarf, um wieder zum Ausgangspunkt zurückzukehren. Speziell für Einzelwanderer ist es daher oft am Sinnvollsten, das Auto zu Hause zu lassen und sich ganz der Bahn anzuvertrauen. Bei Wandergruppen hat sich auch eingebürgert, dass Rückholer mit der Bahn zum Ausgangspunkt zurückkehren und die anderen dann per Auto abholen. Hörschel erreicht man mit dem Verbindungszug zwischen den beiden Fernbahnhöfen Bebra und Eisenach. Blankenstein ist Endstation einer Bahnlinie von/nach Norden (Saalfeld). Verbindung zum Süden Deutschlands besteht über das 3 km entfernte Bad Steben, Endstation einer Bahnlinie von/nach Hof. Die Lücke schließt eine Busverbindung. Alternative: 6-km-Wanderung über Lichtenberg und durchs wildromantische Höllental zum gleichnamigen Haltepunkt an genannter Bahnlinie (Wegbeschreibung s. S. 61). Die aktuellen Verbindungen erfragen Sie über die Zentrale Zugauskunft, Tel. 0180/5996633.

Übernachtung: Die Etappeneinteilung wurde so gewählt, dass man immer auf dem Rennsteig übernachten kann und nicht in einen Talort absteigen muss. Das klappt aber nur, wenn man sich lange genug im Voraus um die entsprechenden Zimmerreservierungen bemüht, und zwar am besten monatelang vor Antritt der Wanderung! Insbesondere in der Hauptsaison (Mai–September) und ganz besonders an Wochenenden können die Quartiere auf dem Rennsteig knapp werden. In besonderem Maße gilt dies für die einzeln gelegenen Gasthöfe, die als Etappenziele der ersten respektive letzten drei Tage vorgeschlagen wer-

den, denn in seiner Westhälfte berührt der Rennsteig keine einzige Ortschaft. Für Ihre Vorausplanung sind daher bei jeder Etappe die erforderlichen Telefonnummern angegeben. Wer am Vorabend der Tour in Hörschel übernachten möchte: Zimmervermittlung im Rennsteig-Wanderhaus, Tel. 03 69 28/911 94.

Lesefutter für unterwegs: Wer sich abends in der Gaststube in die gute alte Zeit des Rennsteigwanderns zurückversetzen will, sollte sich das Büchlein August Trinius: »Auf dem Rennsteig. Zwischen 1886 und 1911« (Hrsg. Detlef Ignasiak; quartus-Verlag, 2000) in den Rucksack stecken, das in Auszügen aus dem umfangreichen Werk des »Rennsteigvaters« viele Stationen unserer Wanderung im Lichte der Vergangenheit lebendig werden lässt.

Rennsteig-Homepage: Weitere Informationen finden Sie im Internet auf der Homepage des Autors: www.stefan-etzel.de/rennsteig

Etappen

1. **Tag:** Hörschel–Ascherbrück (6 Std.; 19 km)
2. **Tag:** Ascherbrück–Ebertswiese (7 Std.; 25 km)
3. **Tag:** Ebertswiese–Schmücke (7.30 Std.; 27 km)
4. **Tag:** Schmücke–Neustadt (4.15 Std.; 18 km)
5. **Tag:** Neustadt–Friedrichshöhe (4 Std.; 17 km)
6. **Tag:** Friedrichshöhe–Spechtsbrunn (6 Std.; 24 km)
7. **Tag:** Spechtsbrunn–Brennersgrün (5.25 Std.; 20 km)
8. **Tag:** Brennersgrün–Blankenstein (5 Std.; 20 km)

Gut Runst!

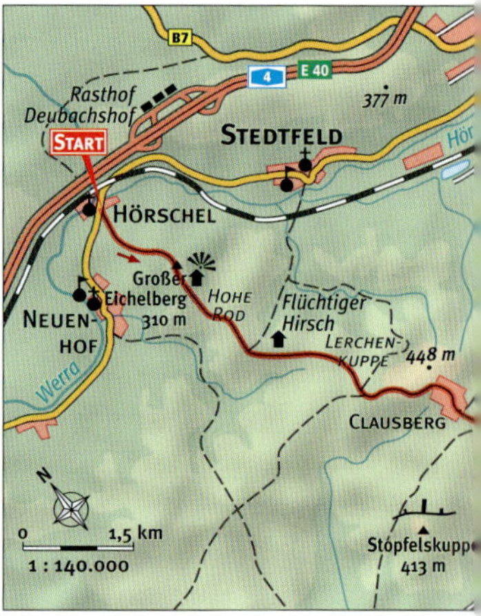

1. Tag: Von Hörschel nach Ascherbrück

Der erste Wandertag auf dem Rennsteig führt aus dem Werratal durch herrliche Laubwälder zunächst stetig bergan, wobei man hier und da einen Blick hin zur Wartburg werfen kann. Ein Glanzpunkt dieser Etappe ist das Steinkreuz Wilde Sau, der älteste mit einer Jahreszahl versehene Stein am ganzen Rennsteig.

Dauer: 6 Std.

Länge: 19 km

Charakter: Mittelschwere Tour; auf guten Wegen geht es zunächst stetig bergauf, später häufiges Auf und Ab

Einkehrmöglichkeiten: Clausberg (Mo Ruhetag), Hohe Sonne, Hubertushaus Ascherbrück

Übernachtung: Rennsteigbaude und Wanderherberge Hubertushaus Ascherbrück, Tel. 03 69 29/621 34; in Ruhla: Zimmervermittlung über das Fremdenverkehrsamt, Tel. 03 69 29/890 13

Das über tausendjährige **Hörschel** galt als schönstes Fachwerkdorf Thüringens, bis es als Vergeltung für sinnlosen Volkssturmwiderstand im April 1945 durch amerikanischen Beschuss fast völlig zerstört wurde.

Den **Rennsteigbeginn** am **Werra-Ufer** erreichen Sie durch den Hof der Gaststätte Tor zum Rennsteig gegenüber der Kirche. Die schön gestaltete ehemalige Fähranlegestelle im Schatten der Autobahnbrücke über die Thüringer Pforte lädt zu einem Moment der Besinnung ein, bevor Sie vielleicht in alter Tradition einen Werrakiesel als Talisman für den Weg aufnehmen und den Runstgesang anstimmen. Dann ist der feierliche Augenblick gekommen: Die Rennsteigwanderung beginnt!

Gehen Sie zurück zur Durchgangsstraße, der Sie nach rechts fol-

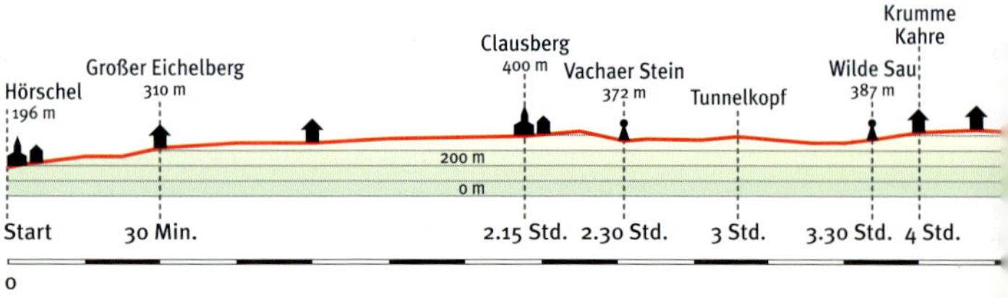

gen, bis vor dem **Rennsteig-Wanderhaus** mit dem großen »R« auf dem Turm halblinks der Weg Am Rennsteig (Brautgasse) abzweigt. Am Eckhaus prangt ein Holzschild mit der nicht ganz korrekten Aufschrift »Beginn des Rennsteigs« und der zu Zeiten ›offiziellen‹ Längenangabe von 171 km.

Das Rennsteig-Wanderhaus steht an der Stelle des in den letzten Kriegstagen zerstörten Gasthauses Zur Krone, das von dem legendären »Vater Gonnermann« bewirtschaftet wurde und Treffpunkt aller Renner war. Der 1996 eröffnete Umbau des früheren Feuerwehrhauses ist die Informationszentrale für alle Fragen rund um den Rennsteigtourismus.

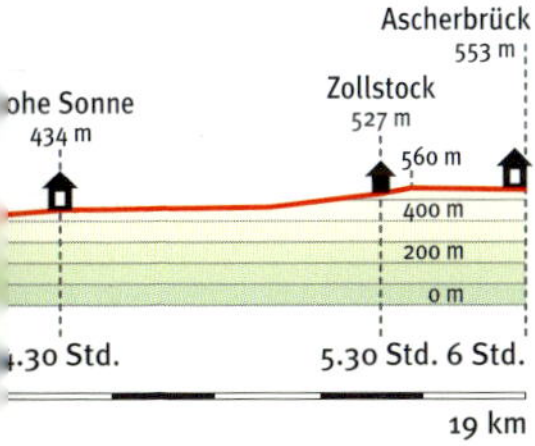

Nun schreiten Sie rüstig aus auf dem Weg, der für die nächsten Tage Ihr Schicksal sein wird. Ein Holzschild wünscht noch »Gut Runst«, dann sind Sie endgültig mit sich und dem Rennsteig allein – und dem »Mareile«, wie das weiße »R« der Markierung genannt wird (s. S. 57).

Gleich zu Beginn des ersten Anstiegs steht rechts ein **Gedenkstein für Julius von Plänckner,** 1991 zum 200. Geburtstag des »Erstrenners« errichtet (s. S. 22). Seinen Zwillingsbruder werden wir am Ende der Wanderung treffen.

Durch Laubmischwald steigt der Weg steil bergan. Oben öffnet sich der Blick nach rechts auf Neuenhof und die hintereinander gestaffelten Randberge des Werratals. Auf dem ebenen Hangweg erreichen wir die Sitzbank am **Heimatblick** (20 Min.). Auf einem Stein ist außer der unheilvollen Jahreszahl »1939« noch der Name »Fr. Isleib« eingeritzt, des damaligen nationalbewegten Schulmeisters von Neuenhof, der von hier wohl auch seine Schäflein in den Krieg ziehen sah.

Am Ende der Geraden haben wir

schon den nächsten historischen Punkt erreicht, das **Gonnermann-Eck:** Bis hierhin wurden die Vorkriegsrenner zum Auftakt der großen Pfingstrunst immer von »Vater Gonnermann« geleitet, der als Wirt des Gasthauses Zur Krone alle Rennergenerationen seit 1908 kommen und gehen sah und 1942 achtzigjährig starb – kurz vor der zunächst letzten gesamtdeutschen Pfingstrunst (die nächste fand erst wieder 1991 statt).

Der Weg steigt nach rechts kurz durch Wald und weiter auf die freie Kuppe des **Großen Eichelberges** (Schutzhütte), von wo sich ein weiter Rundblick bietet mit der Wartburg als Blickfang.

Nach kurzem Abstieg macht der Rennsteig einen Rechts-Links-Schlenker, passiert dabei die **Gerichtskiefer** (genauer: die knapp hundertjährige Nachfolgerin der einstigen Kiefer dieses Namens) und steigt am Wasserbehälter vorbei zur **Hohen Rod** hinauf, einer wohl schon vor langer Zeit gerodeten Wiesenkuppe. Wenn man hinter der schmalen Waldzunge das Gipfelplateau erreicht, weist ein Schild zum 20 m rechts des Rennsteigs gelegenen **Franzosenfelsen,** einer hohen Kalksteinwand, an deren jähem Steilabbruch man unvermittelt steht. Hier wurde 1813 ein französischer Soldat von Bewohnern Neuenhofs getötet.

Der Rennsteig zieht am Waldrand entlang und wendet sich dann rechts hinunter zur **Siebertswiese.** Auf der übernächsten Kuppe liegt dann die **Schutzhütte Flüchtiger Hirsch** des Stedtfelder Rennsteigvereins.

Wir wandern nun schön an der Flanke des Hirschkopfs entlang und erreichen schließlich die Gabelung am früheren **Grenztor,** an das zwei Pfosten erinnern: Hier verlief der Zaun des 5 km breiten Sperrgebietes an der innerdeutschen Grenze!

Der Rennsteig führt hier kurz rechts hinauf und dann nach links am Waldrand entlang und über die **Lerchenkuppe** (1.45 Std.). Unten folgen Sie kurz dem Fahrweg nach rechts, von dem der Rennsteig gleich wieder abbiegt und dann oben den Ausgang des Waldes am **Kuhlenkopf** erreicht.

Auf dem Fahrweg wandern Sie nun nach links am Waldrand entlang. Bald liegt der Weiler um das einstige Hofgut **Clausberg** (2.15 Std.) vor Ihnen, und bei klarer Sicht erkennen Sie dahinter in der Ferne erstmals den Großen Inselsberg mit seinen Sendeanlagen. Das einstige Hofgut wurde gleich nach dem Krieg in »Volkseigentum« überführt und als Tierzucht-Versuchsstation betrieben, um die gute Gängigkeit des einheimischen Rindes (das auch Zugtier war) mit dem hohen Milch- und Fleischertrag des dänischen zu kreuzen. Heute ist hier eine Haflingerzucht.

Ab dem Ortsausgang verläuft der Wanderweg links der Straße bis zum Passübergang der alten Frankfurt-Leipziger Handelsstraße (heute B 84), der im Oktober 1813 Napoleons Rückzug nach der verlorenen Völkerschlacht bei Leipzig sah. An der Einmündung steht der **Vachaer Stein** (2.30 Std.), ein Obelisk mit Richtungsangaben und der Jahreszahl 1833. Dies war das westliche Ende des DDR-Rennsteigs, da die bisher gewanderte Strecke weitgehend im Sperrgebiet lag!

Der Rennsteig kreuzt kurz vor dem Stein die Straße, führt über ein paar Stufen zur B 84 hinunter und überquert sie zum Wanderparkplatz, den Sie nach rechts hin verlassen. Bald hinter der Linkskurve zweigt der Rennsteig rechts ansteigend ab, um über den **Ruppertskopf** zu ziehen. Ich möchte Ihnen aber empfehlen, auf dem breiten Forstfahrweg zu bleiben, der die ohnehin keine Aussicht bietende Anhöhe bequem umgeht und an einer Jagdhütte (Rastplatz) mit schönem Wartburgblick vorbeiführt. 300 m weiter stößt der Rennsteig dann wieder auf diesen Fahrweg.

Nach weiteren 600 m weist ein Schild links zum **Tunnelkopf** (3 Std.), wo man wenige Meter oberhalb des Weges bei einem Rastplatz durch die Zweige der Bäume hindurch einen Blick auf das Gleis der Werrabahn werfen kann, die hier seit 1858 das Gebirge durchsticht.

Den nächsten überdachten Rastplatz erreichen Sie bei der **Albert-Hofmann-Linde,** mit der sich ein DDR-Forstarbeiter zur Feier seines Ruhestands ein persönliches Denkmal am Rennsteig pflanzte.

Schon seit dem Vachaer Stein führt der Rennsteig in kurzweiligem Auf und Ab über eine Reihe von Kuppen. Beim Aufstieg auf eine dieser »Kopjen« kann man beim **Wartburgblick** über die Baumwipfel hinweg einen Blick auf den Turm der Landgrafenfeste erhaschen.

Die nächste Kuppe umgeht der Rennsteig rechts herum, wir aber nehmen an der Wegespinne den kurzen Steilanstieg halblinks in Angriff, denn auf dem Gipfel steht das **Steinkreuz Wilde Sau** (3.30 Std.), der älteste mit einer Jahreszahl (1483) versehene Stein am Rennsteig (s. S 23). Am Rande der Kuppe bietet sich bei einer Sitzbank ein schöner Blick zur Wartburg. Zum Rennsteig kehren wir dann links an der Schutzhütte vorbei zurück.

Hinter der nächsten Kuppe erreichen Sie die Schutzhütte an der **Krummen Kahre** (4 Std.), bei der ein Stein mit den Jahreszahlen 1330/1830/1990 an drei historische Rennsteig-Daten erinnert: die Ausfertigung des »Frankensteiner Kaufbriefs« als erste urkundliche Erwähnung des »Rynnestig«; das Erscheinen von Pläncknersʼ »Der Thüringer Wald« als erste Beschreibung einer Rennsteigwanderung in ihrem heutigen Verlauf; die Wiedereröffnung des Gesamtrennsteigs nach der deutschen Teilung.

Jetzt ist es noch eine Dreiviertelstunde über die **Totenheide** (Schutzhütte) auf die Passhöhe bei der **Hohen Sonne** (4.30 Std.; s. S. 23), von wo eine Blickschneise einen letzten Blick zur Wartburg erlaubt.

Der Rennsteig kreuzt nun die stark befahrene B 19 und führt als breiter Forstweg auf der alten Weinstraße weiter. An der Gabelung nach gut 200 m geht es geradeaus, nun stets auf dem Hauptweg bleibend. Neben das »R« tritt jetzt das blaue Andreaskreuz des Bergwanderweges Eisenach–Budapest als hilfreiche Zusatzmarkierung.

Steinkreuz Wilde Sau

Für die folgenden 10 km bis Glasbachswiese war der Rennsteig noch gegen Ende des 19. Jh. eine von Fuhrwerken aller Art stark befahrene Chaussee. Bei einem Rastplatz mit Schutzhütte und Wassertretbecken (5 Std.) können Sie die am ersten Rennsteigtag vielleicht schon etwas strapazierten Füße erfrischen.

Vorbei an der **Fuchswiese** setzen wir den mählichen Anstieg fort. Achten Sie dann auf einem flacheren Wegstück auf das Schild links zur Rennsteiggrotte, einen versteckten Felsüberhang, der wenige Meter abseits des Weges zu schattiger Rast einlädt (Blick ins Hansbachtal).

Bald erreichen Sie den Rastplatz mit Schutzhütte am **Zollstock** (5.30 Std.), wo zu Zeiten deutscher Kleinstaaterei Wegezoll erhoben wurde. Immer deutlicher zeigt es sich, dass man auf dem Kamm des allmählich ansteigenden Gebirges marschiert, denn rechts und links dacht sich das Gelände zunehmend ab.

Wenn es einmal leicht bergab geht, liegt linker Hand das **Jubelhainbörnchen** (der Jubelhain war eine Anpflanzung zum 50jährigen Regierungsjubiläum des weimarischen Großherzogs), das aus dem bald folgenden Hochbehälter der Wartburgleitung gespeist wird. Diese wurde Ende des 19. Jh gelegt (die Angabe »Ende 1800« auf der Infotafel ist irreführend), als die Wartburg auch zum romantischen Wohnsitz der großherzoglichen Familie ausgebaut wurde (s. S. 92).

An der dreifachen Wegegabelung **Ascherbrück** verläuft der Rennsteig auf dem halbrechten Weg weiter und kreuzt wenig später die Straße Ruhla–Etterwinden zum **Hubertushaus Ascherbrück** (6 Std.). Im Garten steht am Zaun ein Gedenkstein für Johannes Bühring, einen der Mitbegründer des Rennsteigvereins und 1910–1932 dessen Fürsteher.

Julius von Plänckner

Der gothaische Hauptmann und Straßenbauer Julius von Plänckner (1791–1858) hat 1829 die erste durchgehende Rennsteigwanderung unternommen und dabei den Verlauf des heutigen Wanderweges im Großen und Ganzen festgelegt.

In den Befreiungskriegen kämpfte von Plänckner mit dem gothaischen Kontingent der Rheinbundtruppen zunächst auf französischer Seite und erhielt im März 1813 sogar das Kreuz der Ehrenlegion. Ein halbes Jahr später jedoch wechselte der gothaische Herzog nach der Völkerschlacht bei Leipzig die Seiten, und von Plänckner kämpfte fortan mit den siegreichen Verbündeten gegen seine einstigen Bundesgenossen.

Bei Napoleon hatte Plänckner den militärischen Nutzen guter Straßen kennengelernt und versuchte in der auf die Befreiungskriege folgenden Friedenszeit, den Straßenbau im Herzogtum Sachsen-Coburg-Gotha auf den modernsten Stand zu bringen. Krönung dieser Tätigkeit war der von ihm geleitete Chausseebau über den Oberhofpass von 1830–32, ein Meilenstein auf dem Wege zum Zollverein (s. S. 36).

Im Zug der Terrainerkundung stieß Plänckner auf den die projektierte Straße kreuzenden Rennsteig. Das wachsende Bedürfnis nach Nationalheiligtümern hatte längst die Frage nach dem genauen Verlauf jenes sagenhaften Höhenweges aufgeworfen, dessen Endpunkte zu jener Zeit unbekannt waren. Aufgrund der topographischen Verhältnisse bestimmte Plänckner Blankenstein an der Saale und Hörschel an der Werra als die beiden Rennsteig-Enden und verband sie mit jenen Orten, bis wohin man zu seiner Zeit auf die eine oder andere Art von einem Rennsteig sprach: Rodacherbrunn im Osten (14 km vor Blankenstein), im Westen die Passhöhe am Vachaer Stein (8 km vor Hörschel).

Plänckners 5-Tage-Marsch von 1829 war die erste durchgehende Rennsteig-Wanderung und ein wichtiger Impuls für die aufkeimende Wanderbewegung. 1832 fand seine Beschreibung zusammen mit der Erstveröffentlichung einer Rennsteig-Karte Eingang in ein »Taschenbuch für Reisende durch den Thüringerwald«, das pünktlich zur Einweihung der Oberhofer Passstraße neugierigen Biedermeiertouristen die nähergerückte Bergwelt erschloss.

Ganz natürlich bürgerte sich so die Pläncknersche Route in der Wandertouristik ein, und sie wurde auch nicht mehr geändert, als rund 60 Jahre später Junckers vergessene Handschrift von 1703 veröffentlicht wurde, in der die beiden Endpunkte des Rennsteigs etwas anders bestimmt waren (s. S. 11). Der »Pläncknersche Rennsteig« bot demgegenüber nicht nur eine topographisch plausiblere Lösung, sondern führte auch so nah wie möglich an der Wartburg vorbei, die mittlerweile Nationaldenkmal und Ausflugsziel ersten Ranges geworden war (s. S. 92).

Als Militär blieb Plänckner zwangsläufig in die politischen Geschicke eingebunden, und sein Ende entbehrte nicht schicksalhafter Symbolik. 1848 führte er nämlich als 57jähriger Oberst das gothaische Bataillon nach Erfurt, um gegen die aufständische Bevölkerung vorzugehen. Als er jedoch seine Truppe auf dem Anger aufmarschieren ließ, traf ihn der Schlag. Zehn Jahre siechte der alte Haudegen noch dahin, bis er am 12. März 1858 starb.

Steinkreuz Wilde Sau

Dies ist der älteste mit einer Jahreszahl versehene Stein am Rennsteig. Das »1483« (mit alter Schreibweise der 4) ist zwar kaum noch zu entziffern, wohl aber der kunstvoll eingemeißelte Name »Balthasar Rodecher«. Darunter erzählt ein Reliefbild offenbar von einem Jagdunfall, bei dem einer der beiden Jäger von einer Wildsau auf den Rücken genommen wurde. Zufällig ist 1483 auch das Geburtsjahr Luthers, welcher 1521 nach seiner vorgetäuschten Gefangennahme (s. S. 104) zur 4 km entfernten Wartburg gebracht wurde, wahrscheinlich auf dem landgräflichen Kurierpfad (s. S. 90), der hier vom Rennsteig abzweigte.

Hohe Sonne

In alten Zeiten war diese Passhöhe, an der die »Weinstraße« vom vorausliegenden Rennsteig nach Eisenach abbog, als »Hohes Kreuz« bekannt. Der heutige Name rührt von einem 1747 erbauten Jagdschlösschen her, an dessen Turm eine vergoldete Sonne prangte. Der 1906 errichtete Nachfolgebau im Stil der Goethezeit hatte bis zur Wende jenes Verfallsstadium erreicht, wie es zwischen Rügen und Rennsteig zu den charakteristischen Errungenschaften des real existierenden Sozialismus gehörte – und potentielle Investoren bis heute abschreckt.

Über den »Thüringer Rigi«

2. Tag: Über den Großen Inselsberg zur Ebertswiese

»Gipfelsturm« könnte die heutige Etappe heißen, die in mehr oder weniger stetem Anstieg auf den prominentesten Thüringerwaldgipfel führt – und dann noch ein gutes Stück darüber hinaus. Geheimnisvoll: Die Rennsteig-Sphinx auf dem Glöckner.

Dauer: 7 Std.

Länge: 25 km

Charakter: Anspruchsvoll; einige steile Anstiege, besonders der auf den Inselsberg; auf den letzten Kilometern dann eher gemütlich

Einkehrmöglichkeiten: Imbiss Glasbachswiese, Waldschänke beim Dreiherrnstein am Großen Weißenberg (Do Ruhetag), Inselsberg, Grenzwiese, Heuberghaus, Ebertswiese

Übernachtung: Berggasthof Ebertswiese, Tel. 036 83/60 64 51; Bergseebaude, Tel. 036 83/654 50 (eMail: tdt.hertel@t-online.de); Finnhütten beim Bergsee, Tel. 0171/625 37 89.

Wer gut aufpasst, entdeckt etwa 1 km hinter **Ascherbrück,** bald nach Passieren der **Neuen Wiese,** links an einer Buche den **»Schlüssel zum Ruhlaer Häuschen«,** einen typischen Scherz aus der Frühzeit der Rennsteigbewegung, denn das **Ruhlaer Häuschen** (30 Min.) ist nur ein Wegestern, an dem bis um 1800 ein herzogliches Jagdhaus stand, auf das der Name zurück geht. Einzig der große Wegweiserobelisk ist ein Relikt der Vergangenheit, Rastplatz und Schutzhütte sind Einrichtungen der modernen Wandertouristik. Von rechts trifft hier übrigens der »Sallmannshausener« (Markierung »S«) auf unseren »Pläncknerschen« Rennsteig (s. S. 11).

Der nun vereinte Rennsteig führt geradeaus weiter und in weitem Bogen um die **Schlauchentalwiesen** (links auf dem Ringberg der Alexanderturm, s. S. 96). An ihrer baumbestandenen Seite steht wenige Meter links des Weges eine Bank, die **Triniusrast,** von wo der »Thüringer Wandersmann« (s. S. 46) gern den Blick über das Erbstromtal hinweg ins Vorland schweifen ließ.

Kräftig ansteigend erreichen Sie bald den **Auerhahn** (1 Std.; Rastplatz), eine wochenends besetzte Hütte des Bergrettungsdienstes, vor der eine kleine Sonnenuhr in Gestalt einer Weltkugel mit Tierkreis steht. Als 1857 hier nahe dem Gipfel der Vogelheide die erste Jagdhütte errichtet wurde, entwickelte sich der Ort rasch zu einem beliebten Ausflugsziel der Ruhlaer, weil man damals noch eine weite Fernsicht von hier oben genießen konnte! Folgen wir dem Rennsteig ein Stück weiter, so erklärt eine Tafel, dass diese Höhe um 1750 dank jahrhundertelangen Raubbaus praktisch unbewaldet war. An die dafür verantwortliche Holzkohleherstellung zur Feuerung der Schmelzhütten erinnert noch der Name der **Großen Meilerstätte,** die der Rennsteig bald erreicht, heute ein Wegestern mit Sitzbänken.

500 m weiter zweigt rechts ein Pfad vom Rennsteig zum »Klöckler« (Schild) ab, eine verstreute Granitgruppe, besser bekannt als **Glöckner** (1.30 Std.). Die erste Felsengruppe,

Die Sonnenuhr beim Auerhahn

Die »Rennsteig-Sphinx«

die wir erreichen, ist der »Königstuhl«, benannt nach Oberforstrat König, der das umliegende Gebiet zu Beginn des 19. Jh. aufforstete. Unterhalb davon sind die Namen der 21 im Ersten Weltkrieg gefallenen »Renner« sowie der Vereinsgründer Hertel und Bühring in die Felswand gemeißelt. An diesem »Ehrenmal des Rennsteigvereins« findet auf jeder Pfingstrunst ein stilles Gedenken statt. Beim Weiterweg oben erinnert hinter der Schutzhütte ein dolmenartiger Stein rechts an »Elisabeth Streller 1879–1939«, jene Rennsteigforscherin, die sich um die genaue Aufzeichnung aller 1315 Grenzsteine entlang des Rennsteigs sowie die Erforschung des Sallmannshausener bzw. Junckerschen Rennsteigs verdient gemacht hat.

Auf schmalem Pfad erreichen Sie dann die Felsgruppe der **»Rennsteig-Sphinx«** mit der geheimnisvollen Inschrift (s. S. 29). Der Weg trifft nach 50 m wieder auf den Rennsteig, der nach kurzem Abstieg das **Straßendreieck Glasbachswiese** erreicht. Der Granitblock in seiner Mitte war für den Bau eines Gefallenendenkmals in Meiningen bestimmt gewesen, aber vom Glöckner nur bis hierher geschafft und dann als zu schwer liegengelassen worden.

Der Rennsteig kreuzt die Straße und führt auf dem Parallelweg zum Parkplatz gegenüber der **Schillerbuche** (1905 zum 100. Todestag dem Andenken des Dichters geweiht). Die echt Thüringer Bratwürste am Imbissstand (überdachte Sitzgruppen) werden weithin geschätzt und liefern auf landestypische Weise die Energie für das nächste Wegstück.

Der Rennsteig setzt seinen Lauf parallel zur Straße nach Brotterode fort. Die Wegekreuzung am Waldrand heißt **An der Walper** (»Wallfahrt«) nach der einstigen Wallfahrtskapelle des hier nach 1330 wüst gefallenen Dorfes Glasebach. Deren 1957 ausgegrabene Grundmauern finden Sie, wenn Sie 60 m am Waldrand entlang nach rechts und bei der Sitzgruppe links zur nahen Lichtung gehen. Die Erwähnung dieses Kirchleins in einer päpstlichen Urkunde aus dem Jahre 1183 unter dem Namen »Capella in Glasebach« ist der erste schriftliche Hinweis auf die Existenz von Glasmachern im Thüringer Wald!

Der Rennsteig verläuft noch eine Weile parallel zur Straße, kreuzt diese dann und führt hinauf auf den **Sattel hinter dem Gerberstein,** dort dann scharf rechts.

Abstecher: Ich möchte Ihnen aber empfehlen, den kaum längeren Weg *über* den Gerberstein zu nehmen, eine eindrucksvolle Felsgruppe mit weiter Aussicht, etwas, womit dieser Rennsteigabschnitt ansonsten ja nicht gerade gesegnet ist. Zu diesem Zweck überqueren Sie an der Walper die Straße und steigen neben der Schutzhütte rechts bergan zum **Gerberstein** hinauf. Von dort folgen sie dem Kammpfad nach rechts über den langgestreckten Bergrücken, auf dem noch weitere Felsgruppen verstreut liegen. An der T-Gabelung am Ende der Höhenzunge gehen Sie rechts und erreichen wieder den Rennsteig.

Es geht weiter entlang der einstigen Grenze von Sachsen-Meiningen und Sachsen-Gotha, einer Galerie von Grenzsteinen aus dem 18. Jh. mit den Gravuren SM und SG, die unseren Weg hinab zur **Hirschbalzwiese** säumt. Dahinter geht es kurz steil bergan und oben auf dem Fahrweg noch 50 m links zum **Dreiherrnstein**

auf dem Großen Weißenberg (2.30Std.), wo mit Kurhessen (KH) eine dritte Herrschaft an die beiden bisherigen grenzte.

Der eher unscheinbare Stein mit dreieckigem Querschnitt steht rechts von der Einmündung der Zufahrt in den kleinen Platz vor der 1911 errichteten **Waldschänke,** in dessen Zentrum das **Scheffeldenkmal** steht (s. S. 30). Der wuchtige Findling mit dem Reliefbild Victor von Scheffels wurde 1913 zum 50. Jahrestag seines Rennsteiggedichts von 1863 als Denkmal eingeweiht. Ironischerweise wanderte später Walter Ulbricht gerne hierherauf zum Denkmal des patriotischen Barden, wenn er in Bad Liebenstein kurte – was der Waldschänke ihre

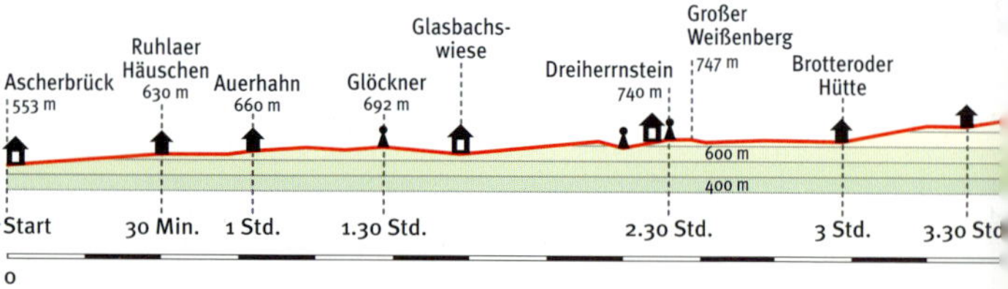

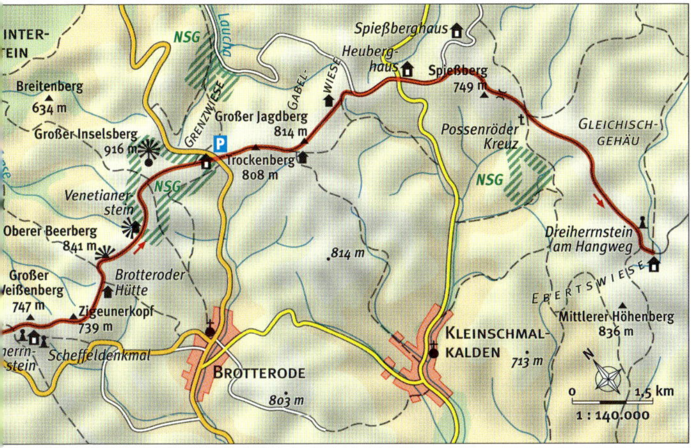

frühe Elektrifizierung bescherte.

Der Rennsteig führt links am Scheffeldenkmal vorbei weiter, und wenn man dann bald, von der Kuppe des **Großen Weißenberges** hinabsteigend, aus dem Wald kommt, ist der Inselsberg schon recht nahe gerückt. Über den **Zigeunerkopf** erreichen Sie die **Brotteroder Hütte** (3 Std.). 300 m später geht es rechts bergan – nun wird es mit dem Inselsbergaufstieg ernst.

Auf der ›Terrasse‹ des **Oberen Beerberges** bietet sich von einer Felsgruppe ein schöner Blick ins Inselsberger Loch – der dann durch den vom **Venetianerstein** noch übertroffen wird. Sein Name geht wohl auf jene verschwiegenen Mineralsucher aus der Lagunenstadt zurück, von denen die auffällig vielen Venetianersagen des Thüringer Waldes berichten. Die regelmäßig auftauchenden Fremdlinge schürften nach Zutaten für die venezianische Glaserzeugung, speziell Farbgestein, behielten aber ihre Geheimnisse den Thüringer Konkurrenten gegenüber stets für sich.

Nun beginnt der letzte Steilanstieg auf den Gipfel des **Großen Inselsberges** (4 Std.). Zu Beginn des umzäunten Areals erinnert rechts der selten beachtete **Stoy-Stein** an einen bekannten Pädagogen des 19. Jh. (s. S. 30)

Vom Gipfel führt der Rennsteig unterhalb des Berggasthofes Stöhr auf dem Stufenweg hinab und zweigt dann am unteren Ende des

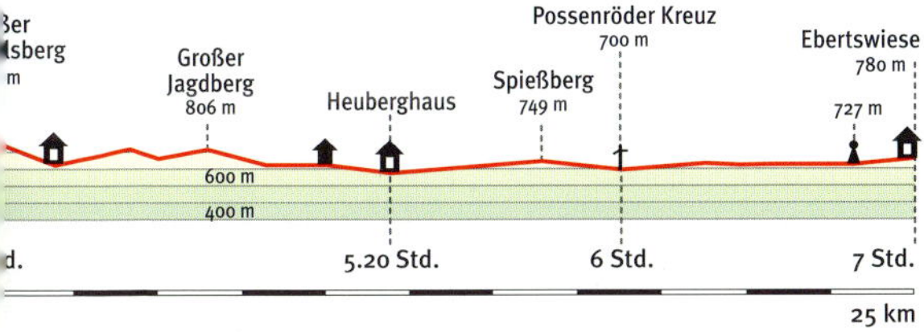

Parkplatzes halbrechts ab (der normale Ausflüglerweg asphaltiert halblinks). Zunächst können wir von einem Aussichtspunkt den vorausliegenden Kammverlauf überschauen und erreichen bald die **Reitsteine,** von denen man einen schönen Blick in den Brotteroder Kessel werfen kann.

Auf steilem Pfad steigen wir nun zum asphaltierten Fußgängerweg ab, der bald die **Grenzwiese** erreicht. Der Rennsteig kreuzt die befahrene Passstraße und zweigt dann am Ende des Parkplatzes halbrechts zum Anstieg auf den **Trockenberg** (4.30 Std.) ab, von dem aus sich ein eindrucksvoller Rückblick auf das Inselsbergmassiv bietet.

Nach kurzem Abstieg erreichen wir die **Gabelwiese** (Rastplatz). Der Rennsteig steigt über Stufen an der rechten Seite des steilen Hangs bergan, in dem bei genauerem Hinsehen noch der Schanzentisch einer früheren Sprungschanze zu erkennen ist. An der Wegekreuzung auf dem bewaldeten Gipfel des **Großen Jagdberges** (4.45 Std.) wendet sich der Wanderweg nach links und führt zu einer Forststraße hinab, der wir nach rechts folgen.

Hinter dem Abzweig zur Tanzbuche verläuft der Wanderweg links der Betonstraße zum **Heuberghaus** (5.20 Std.). Die Gaststätte liegt an einem einst wichtigen Gebirgsübergang und führt ihren Stammbaum auf die 1559 erstmals erwähnte »Herberge auf dem Heuberge« zurück. Auf dem Heuberg spielen auch die ersten Szenen in Gustav Freytags Romanzyklus »Die Ahnen«.

Hinter den Finnhütten verläuft der Wanderweg rechts des asphaltierten Fahrweges – gleich zu Beginn Gedenkstein für den ersten nächtlichen »Taschenlampenstart« des Guthsmuths-Rennsteiglaufes – in dessen Linkskurve dann der Rennsteig geradeaus über die **Kniebreche** (oben rechts) auf den langgestreckten Gipfel des **Spießberges** führt und dann hinab zur großen Wegekreuzung am **Possenröder Kreuz** (6. Std.; Rastplatz, Schutzhütte).

Die Passhöhe »Am Kreuz« war ein wichtiger Gebirgsübergang des mittelalterlichen Fernverkehrs zwischen Franken und Thüringen. Das 1522 erstmals erwähnte Possenröder Kreuz aus grob behauenem Zechsteinkalk (rechts an der Wegeinmündung; seit 1975 Nachbildung, Original im Museum) trägt die Inschrift »Possenrod«, was wohl auf ein untergegangenes Dorf verweist. Wahrscheinlich handelt es sich um ein Sühnekreuz, denn in alten Mären figuriert der Ort als Mordstätte.

Gleich hinter dem Abzweig des Rennsteigs steht rechts der **Dreiforstenstein** von 1847, an dem die Forstbezirke dreier Ämter aufeinander trafen. Bald stehen linker Hand drei Steine, von denen einer die Aufschrift »Gerechtigkeit der 7 freiwälder Ortschaften« trägt. Diese waren eine Markgenossenschaft um Gotha liegender Dörfer, die hier Waldbesitz hatten.

Wir erreichen die Höhe des **Gleichisch Gehäu,** wo neben zwei anderen Steinen ein weiterer Waldgrenzstein der sieben freiwälder Ortschaften steht. Den dritten treffen wir dort, wo der Rennsteig schließlich auf den Fahrweg zur Ebertswiese trifft: Links der Einmündung stehen dort vier alte Grenzsteine, von denen einer der **Dreiherrnstein am Hangweg** sein soll, wie immer wieder behauptet wird – ohne dass freilich angegeben wird, welcher der vier dies denn nun genau sei. Schauen Sie selbst einmal hin: Hat einer dieser Steine eine dreiseitige Basis oder andere einschlägige Hinweise? Kann gar nicht sein, denn der echte Dreiherrnstein ist schon längst verschwunden! Schon 1929 teilte dies der damalige Fürsteher des Rennsteigvereins Johannes Bühring in seinem Buch »Des Rennsteigs steinerne Chronik« mit, nachdem er ihn 1910 noch als »teilweise zerstört« beschrieben hatte. Statt der üblicherweise angegebenen dreizehn Dreiherrnsteine auf dem Rennsteig sind es in Wahrheit heute nur noch sieben (s. S. 13). Die vier Steine sind ein Sammelsurium ursprünglich andernorts gesetzter Steine, die bei Holzrückarbeiten u.ä. umgeworfen und dann hier an diesen Sammelplatz verbracht wurden – der daher vielleicht besser in »Vielherrensteine« umbenannt werden sollte...

Der Rennsteig folgt nun nach links dem Fahrweg, von dem er beim **Rastplatz Springender Löwe** wieder abzweigt, um ein Stück weiter oben einen anderen Fahrweg zu kreuzen: Wenn Sie zum Bergasthof Ebertswiese wollen, folgen Sie ihm kurz hinauf bis hinter die Kuppe, wo sie das Haus dann schon halblinks liegen sehen (zu den Finnhütten beim Bergsee gehen Sie hier einfach weiter geradeaus).

Der Rennsteig aber zieht von Grenzsteinen begleitet noch ein Stück durch den Wald zur **Ebertswiese** (7 Std.).

Die »Rennsteig-Sphinx« auf dem Glöckner

Die gestreckte Felsgruppe auf dem Glöckner hat zwar in der Tat, wie ihr Name nahelegt, eine entfernte Ähnlichkeit mit dem geheimnisvollen ägyptischen Fabelwesen, wenn man die glatte Stirnfläche als »Kopf« desselben nehmen wollte. Ihr eigentliches Geheimnis aber ist die dort eingemeißelte Inschrift »1813 wurde hier gepflanzt für 1871«. Sie scheint zunächst keinerlei Rätsel aufzugeben, sondern in der hochgestimmten Manier der Bismarckzeit an die beiden großen Siege über Frankreich erinnern und sagen zu wollen: In der Völkerschlacht bei Leipzig (1813) wurde der Keim gelegt für die Gründung des Deutschen Reiches (1871) nach erneutem Sieg über Frankreich. Rätselhaft wird es erst, wenn man erfährt, dass diese Inschrift schon für 1830 belegt ist, nämlich in dem Rennsteigbuch Julius von Plänckners!

Sicher scheint nur, dass sie wahrscheinlich aus der Fehlschusskasse von Schülern der Ruhlaer Forstakademie finanziert wurde, die den Glöckner 1813 aufforsteten. Aber warum eine Spanne von ausgerechnet 58 Jahren in die Zukunft projiziert wurde, ist ein Rätsel, das bisher niemand zu lösen vermochte. »Forstwirtschaftliche Berechnungen« wurden ins Feld geführt, doch ist ein 58-Jahre-Zyklus der Forstwirtschaft unbekannt, die in Dezennien rechnet – und die Fichte ohnehin frühestens nach 80 Jahren schlägt. Kein Wunder also, dass die Inschrift am Glöckner die frühen Renner an eine »wundersame Prophezeiung glauben« ließ, deren dunkler Sinn sich 1871 im Spiegelsaal von Versailles »wundersam enthüllet« habe ... So gesehen, ist die Rennsteig-Sphinx fürwahr das allermerkwürdigste Nationaldenkmal Deutschlands, dessen Geheimnis sich uns womöglich niemals erschließen wird.

Unterhalb der »Sphinx« ist eine weitere Inschrift eingemeißelt, für die belegt ist, dass sie ebenfalls aus der Fehlschusskasse finanziert wurde: »Den Jahren 1809–1812 von ...«, es folgen neun Namenskürzel damaliger Mitglieder der Ruhlaer Forstakademie. Eine dritte Inschrift erinnert an den großen Reformpädagogen Froebel (1782–1852), den »Erfinder« des Kindergartens, der im nahen Schloss Marienthal seine letzte Wirkensstätte hatte.

Der Dreiherrnstein am Großen Weißenberg und das Scheffeldenkmal

Dem eher unscheinbaren Stein widerfuhr aufgrund seiner der Reichseinigungssehnsucht entsprungenen Symbolkraft strahlende Verklärung im Reich der mittelmäßigen Künste. Der Thüringer Komponist Ludwig Böhner (1787–1860) hatte ihm eine Oper gewidmet, berühmt in ganz Deutschland wurde er durch Victor von Scheffels Rennsteiggedicht von 1863, in dem es heißt:

»Und als wir kamen zum Dreiherrensteine,
briet schon am Spieß das Reh, das wir erlegt,
am Steintisch ward im traulichen Vereine
im Namen der drei Herrn des Mahls gepflegt ...«
und zum Abschluss, als Schlussbild der Rennsteigsymbolik:
»Ein Deutschland nährt den Thüring, Hessen, Franken,
und echter Liebe setzt kein Markstein Schranken!«

Diese drei Länder stehen für die drei hier einst aneinandergrenzenden Herrschaften Sachsen-Gotha (SG), Kurfürstentum Hessen (KH) und Sachsen-Meiningen (SM).

Der Stoy-Stein auf dem Großen Inselsberg

Die Inschrift »Seine Jenaer Schulgemeinde auf der Reise 1885« enthält fast schon die ganze Geschichte. Karl Volkmar Stoy (1815–1885) zählte zu den sog. »Herbartianern«, Anhängern einer in der zweiten Hälfte des 19. Jh. populären Pädagogik, die in Anlehnung an den Philosophen Johann Friedrich Herbart (1776–1841) die menschliche Beziehung als »Gemeinschaft zwischen dem Zögling und dem Lehrer« betont. Erziehung zur Selbständigkeit durch Anregung und Förderung des Selbst-Denkens, Selbst-Urteilens und selbstverantwortlichen Handelns als Hauptziel der belehrenden Einflussnahme war das pädagogische Grundprinzip, das Stoy in der Lehrerausbildung zu vermitteln suchte, ein weiteres die Bewährung der geförderten Anlagen in außerunterichtlichen Realsituationen. Aus diesem Grunde führte Stoy ab 1853 Seminarreisen mit Lehrern und Schülern in den Thüringer Wald durch, wobei etwa alle drei Jahre der Inselsberg das Ziel war, auf dessen Gipfel der »Vater«, wie ihn seine Verehrer nannten, geographischen Beispielunterricht hielt. Nachdem Stoy im Januar 1885 gestorben war, führte eine letzte Wanderfahrt seine Schüler auf den Inselsberg, um den Gedenkstein zu setzen.

Großer Inselsberg

Der ehemalige Vulkan wird wegen seiner weithin sichtbaren, markanten Gestalt oft irrtümlich als höchster Berg des Thüringer Waldes angesehen, rangiert mit 916 m aber nur auf dem siebten Platz. Wegen der guten Zugänglichkeit ist der »Thüringer Rigi« freilich der meistbesuchte Gipfel des ganzen Gebirges. Schon 1649 ließ Herzog Ernst der Fromme hier ein achteckiges Jagdhaus errichten, in dem Goethe noch 1784 auf einer seiner »Mineralogischen Wanderungen« nächtigte und am anderen Morgen den Kampf der Sonne gegen die Wolken beobachtete. Der Berg gilt den Bewohnern der Umgegend als Wetterprophet, wovon Sie sich unter Umständen selbst überzeugen können, heißt es doch: »Trägt der Inselsberg einen Hut, so wird das Wetter gut; steckt er in einer Mützen, so gibt es nasse Pfützen«.

Schon Mitte des 19. Jh. war der Ausflugstourismus auf den Inselsberg so stark, dass sich zwei Gasthöfe auf dem Gipfel etabliert hatten – einer auf gothaischer und einer auf hessischer Seite der Grenze, die der Rennsteig mitten über den Berg zog. Der mit allen Tricks ausgetragene Wettbewerb der beiden tief verfeindeten Betriebe – jeder mit eigenem Aussichtsturm – gehörte lange zum Bild des Inselsberges, auf dem schon 1889 automatische »Chokoladenspeier« standen! Verkaufsbuden und fliegende Fotografenzelte rundeten das Bild ab, das Rennsteigvater Trinius gern »mit kräftigen Besenstrichen« vom Rennsteig gefegt hätte. Heute käme noch die »Thermosflasche« hinzu, der alte UKW-Turm von 1939, und der 127 m hohe TV-Turm von 1975. Die Jugendherberge zwischen beiden Gasthöfen ist übrigens – man mag es kaum glauben – das alte Wartburggasthaus! 1911 war es zerlegt und hier oben wieder aufgebaut worden, als Platz für das heutige Wartburghotel geschaffen werden sollte.

Ist ja Spitze!

3. Tag: Zur Schmücke hinterm Rennsteiggipfel

Die Königsetappe mit dem Gipfelpunkt der Rennsteigwanderung steht uns heute bevor. Vielleicht sollten Sie Gott Donar am Vorabend ein Trankopfer darbringen, denn wir wandern durch eine der Hauptgewitterecken des Gebirges, wo schon die Germanen – am Donnershauck – den Donnerer günstig zu stimmen suchten.

Dauer: 7.30 Std.

Länge: 27 km

Charakter: Einfach, aber lang, die ersten Stunden ein bisschen bergauf, ein bisschen bergab, zum Schluss wird es ernst: Aufstieg auf den höchsten Gipfel des Thüringer Waldes – wenn auch von schon recht hohem Niveau

Einkehrmöglichkeiten: Neue Ausspanne (Imbiss), Grenzadler, Rondell (Imbiss), Schmücke

Übernachtung: Wander- und Sporthotel Schmücke, Tel. 036817/415 53; Gruppen können auch die kurz vor der Schmücke (Beschilderung rechts) gelegene Suhler Hütte mieten, Tel. 03 68 45/504 18 oder 036 81/267 97 (Kruhme). Wer in Oberhof übernachten will/muss: Fremdenverkehrsamt Tel. 03 68 42/221 43/44 (Abzweig bei km 18,3 am Stein 16; die nächste Etappe wäre dann 26 km lang).

Vom **Berggasthof Ebertswiese** gehen Sie einfach geradeaus auf der Zufahrt hinab und unten links zum

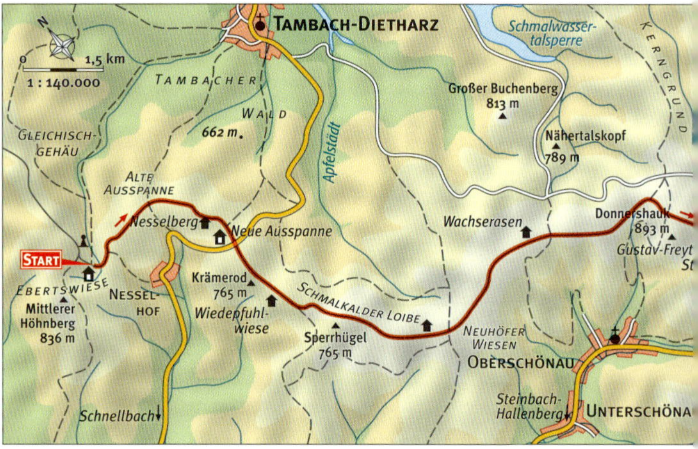

Rennsteig, der am Rande der **Ebertswiese** rechts hinab zum **Spittersteg** führt, eine Stelle, die als »Eberhardsbrücke« schon 1039 erwähnt wurde. Unmittelbar vor dem Steg erinnert ein paar Meter links des Weges der **Roßner-Stein** an den Begründer des »Mareile-Kults« im Rennsteigverein (s. S. 38).

Nach kurzem Anstieg wandern wir auf schönem, von barocken Wappengrenzsteinen begleitetem Waldweg über **Nägelstedter Girn** und **Glasberg** zur **Alten Ausspanne** (Schutzhütte), einen Rennsteigpass, an dem bis 1828 eine seit dem Mittelalter stark frequentierte Handelsstraße den Thüringer Wald überquerte. Der Name »Ausspanne« erinnert daran, dass der altertümliche Fuhrbetrieb an steileren Gebirgsübergängen Zusatz-PS einspannen musste, in der Regel noch einmal so viele Gäule, wie der Wagen bereits vorgespannt hatte (meist vier bis sechs). Solche Vorspanndienste waren ein wichtiger Erwerbszweig in der Umgebung von Passstraßen, wo auch stets die Pferdezucht blühte.

Beim Abstieg vom **Nesselberg** passieren wir die **Schutzhütte Nesselberg,** in der auf einer Holztafel Trinius' Rennsteiglied steht: »Will nun fröhlich dich erwandern, ... stiller Rennsteig sei gegrüßt«. Der »Thüringer Wandersmann« verwandte freilich stets die südwest-thüringische Form Rennst**ie**g statt des fränkischen bzw. standardsprachlichen Rennst**ei**g.

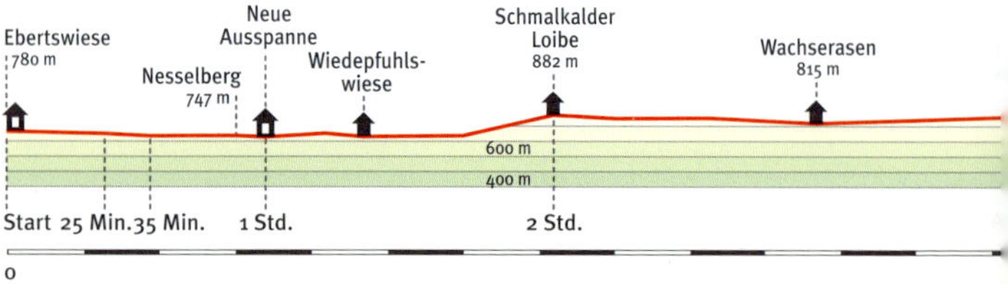

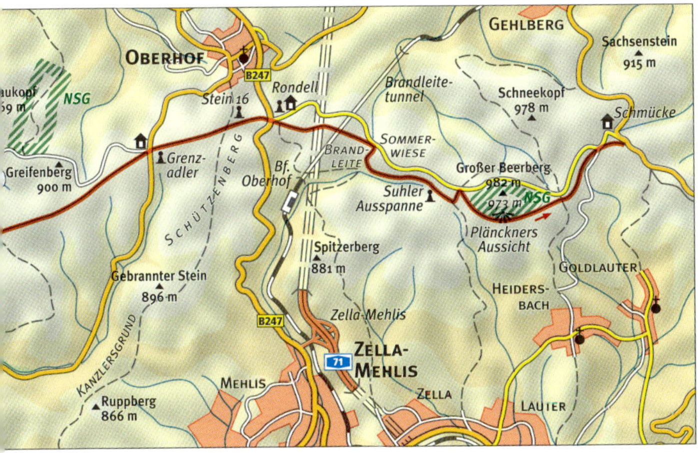

Ein kurzer Abstieg führt hinab zur **Neuen Ausspanne** (1 Std.; Imbiss), wo schon im 16. Jh. ein bequemerer Gebirgsübergang entstand, der dann 1828 chaussiert und im 20. Jh. asphaltiert wurde.

Der Rennsteig kreuzt die Straße (linker Hand eine Kopie des preußischen Grenzsteins, dessen Original wir am Grenzadler bei Oberhof sehen werden) und führt steil auf die **Krämerod** hoch und dann hinab zur **Wiedepfuhlswiese** (Schutzhütte). Gegen Ende des Abstiegs folgt der »Original«-Rennsteig halblinks der Grenzsteinreihe parallel zum Hauptweg, zu dem wir am Beginn der Wiese zurückkehren. Wir wandern nun an ihrem linken Rand entlang zur Gabelung am **Sperrhügel** – im Rückblick sehen wir noch einmal den bereits 12 km entfernten Inselsberg –, wo es dann links recht steil auf die **Schmalkalder Loibe** (2 Std.; Schutzhütte) hinauf geht.

Das Wort »Loibe« leitet sich von »Laub« her und war der ursprüngliche Name des Thüringer Waldes, der später auf einzelne Waldbezirke eingeengt wurde. Nur in der Sprache erhaschen wir hier noch einen Blick auf die einstmalige Situation, als lichtdurchfluteter Buchenwald das typische Kleid des Thüringer Gebirges war. Heute zieht der Rennsteig von Fichtendunkel begleitet über die gestreckte Loibe und steigt dann zur **Ausspanne bei den Neuhöfer Wiesen** hinab, die rechter Hand etwas tiefer liegen.

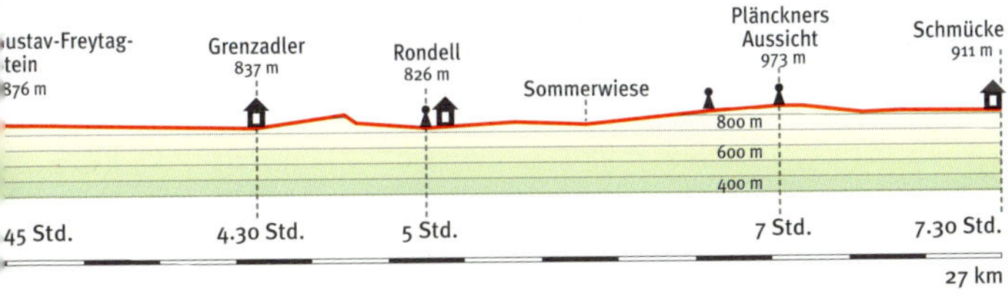

Rückblick zum Berggasthof Ebertswiese

Der Rennsteig kreuzt den Fahrweg und zieht weiter geradeaus seine Bahn. Diese Richtung behält er auch nach gut 1 km bei, wenn der breite Fahrweg nach halblinks abbiegt, unser Wanderweg aber geradeaus weiter seinen Markenzeichen folgt, den Grenzsteinen.

Der Rennsteig trifft dann aber doch wieder auf den Fahrweg und es geht etwas bergab zum alten Passübergang am **Wachserasen** (»steiler Rasen«, 2.45 Std.), wo die trutzige Schutzhütte von 1909 ein Dach bietet, falls Donar nicht hat besänftigt werden können.

Beim folgenden Anstieg, der dicht unter dem Gipfel des **Hohen Schorn** vorbei führt, wird der Blick in den Kanzlersgrund bei Schönau frei, drüben liegen Ruppberg und Gebrannter Stein (s. Tour 9, S. 117). Diesen Ausblick beschrieb Scheffel in seinem Rennsteiggedicht:

»Und als wir kamen ab der Hohen Leite,
dem Donnershaugk, der Zeller Loibe nah,
wie dehnte sich in unermessner Weite
blaufernem Glanz vor uns die Landschaft dar!
Dann hob der Ruppberg sich, der gipfelbloße,
und des Gebrannten Steins verwitternd Haupt,
der kleine Dolmar, kraftvoll wie der Große,
der Hermannsberg, von Buchen grün umlaubt.
Zu Füßen tief – im Nebel tauig dämmernd –
der Schönaugrund, hufschmiedend, eisenhämmernd.«

Achtung: Wenn am Ende der langen Geraden links der Blick über eine Freifläche hinweg bis ins Vorland schweift, zweigt der Rennsteig bald rechts vom Fahrweg ab. Auf der Kuppe sieht man rechts den Donnershauk (893 m) liegen, der Rennsteig trifft später wieder auf den Fahrweg und erreicht schließlich den **Rastplatz Gustav-Freytag-Stein** (3.45 Std.). Der schon lange verschwundene Stein war ein zeitweiliger Dreiherrnstein von 1719 und stand links des Rennsteigs bei einem anderen Stein mit Aufschrift »Kerngrund Amt Georgenthal 1659« (die Angabe auf der gegenüber stehenden Infotafel ist also falsch). Die Benennung nach dem Romancier der Reichseinigungszeit erfolgte durch die patriotisch gesinnte Rennergemeinde zu Beginn des 20. Jh. Gustav Freytag hatte einige Schauplätze seines Romanzyklus »Die Ahnen« (1872–80) – der neu geschaffenen Nation sollte ein Bild ihrer Vergangenheit entstehen – auf den Höhen des Thüringer Waldes angesiedelt. So lässt er hier »am heiligen Walde nahe dem Gipfel, welcher den Opferstein des Donnerers trägt« einen Sorbenhäuptling letzte Rast vor entscheidendem Kampfe halten.

Auf dem Weitermarsch künden asphaltierte Sommerloipen das halblinks voraus, dicht unterhalb des Rennsteigs gelegene Oberhof an. Beim Abstieg am Rande der **Schützenwiese** liegen rechter Hand die Gebäude der Bundeswehr-Sportkompanie, wo schon die DDR-Wintersportler auf Weltniveau getrimmt wurden. Die Imbissbuden vor dem Parkplatz mit Zeltwirtschaft sind nach der langen Durststrecke sicher hochwillkommen.

Der Rennsteig kreuzt den Straßenpass beim **Grenzadler** (4.30 Std.) und hält sich dann am linken Rand des Hauptweges. Als Grenzadler wird jener demonstrativ hohe Grenzstein mit dem Adlerschild Preußens bezeichnet, das im »deutschen Krieg« von 1866 auch den Kreis Schmalkalden hinzugewonnen hatte.

Achtung dann an der Mehrfachgabelung: der linke Weg führt nach Oberhof, der Rennsteig aber ist der zweite von links, und ihm folgen wir nun durch den Wald bergan. Auf der Höhe trifft er wieder auf den Hauptweg und erreicht bald die Wegekreuzung am **Stein 16.** Links davor steht der **Hessenstein,** ein Dreiherrnstein von 1734 (Hessen/Sachsen/Sachsen-Gotha), Nr. 2 unserer Zählreihe. In alten Rennsteigführern heißt die Stelle **Dietzel-Geba-Stein,** weil bis gegen Ende des 19. Jh. ein alter Sühnestein an die 1498 hier vollzogene Hinrichtung des adeligen Straßenräubers Dietzel von Geba erinnerte.

Wer in Oberhof übernachten will, folgt hier dem Weg nach links (Markierung grüner Balken), der Rennsteig aber führt weiter geradeaus bergab. Gegen Ende des Abstiegs ist über die Baumwipfel hinweg der Gipfel des Schneekopfes mit dem Turm der einstigen russischen Radaranlage zu sehen (heute Telekom), rechts davor der Große Beerberg, unser nächstes Ziel.

Unmittelbar vor Erreichen der Straße können Sie links das **Forstarbeiterdenkmal** bewundern. Im Stil des sozialistischen Realismus errichtet, erinnert es an die ruhmreichen Zusammenarbeit von Bevölkerung und Sowjet-Soldaten nach der Windbruch- und Borkenkäferkatastrophe von 1946/47, als die gesamte Gegend neu aufgeforstet wurde.

Am **Rondell** (5 Std.) kreuzt der Rennsteig die Passhöhe der B 247, die der einst von Plänckner projektierten Trasse folgt (s. S. 22). Der Obelisk im Straßendreieck erinnert an diesen von Preußen auf dem Boden befreundeter Kleinstaaten finanzierten Chausseebau von 1830–32, der – in der Entstehungszeit des Zollvereins – als Symbol des noch vor der politischen Einigung zur Wirtschaftsgemeinschaft zusammenwachsenden Deutschland gefeiert wurde. Biedermeierlich spricht uns aus dem Distichon am Fuße des Monuments (oben die Wappen von Sachsen, Henneberg und Preußen) der naive Fortschrittsglaube jener Zeit an:

Heil dem schaffenden Sinn, der zum freundlichen Garten die Wildnis umschuf
und der Natur Schrecken in Lieblichkeit kehrt!

Zum Glück haben Sie bereits eine Lücke im Autoverkehr über den Oberhofpass gefunden, um diese Zeilen auf dem Obelisken lesen zu können, der Weg zum Bratwurststand ist jetzt nur noch ein Katzensprung.

Hinter dem Parkplatz nimmt der Rennsteig zwischen **Rennsteiggarten** (rechts) und Schmückestraße (links) den Beerbergaufstieg in Angriff. Der Rennsteiggarten wurde 1970–76 in dem Steinbruch angelegt, aus dem 140 Jahre zuvor der Schotter für die Passstraße kam. Über 4000 Gebirgspflanzen wurden in über 40000 Arbeitsstunden »von tausenden Werktätigen« auf dem 7 ha großen Gelände angesiedelt und gedeihen nun hier in der frischen Thüringer Luft.

Der Rennsteig steigt über die **Brandleite** an, unter der jener Tunnel das Gebirge durchsticht, durch den Oberhof 1884 plötzlich Bahnstation an der Strecke Berlin–Stuttgart wurde, Voraussetzung für den phänomenalen Aufschwung des Bergweilers zum mondänen Sommerfrischler- und Wintersportort zu Beginn des 20. Jh.

Bei der **Sommerwiese** (5.45 Std.; Rastplatz) kreuzt der Rennsteig die Schmückestraße schräg nach rechts.

Achtung: Nach etwa 600 m führt der Original-Rennsteig an dem geschnitzten Schild geradeaus weiter (der bequemere Ausflüglerweg links), kreuzt noch einmal die Straße und erreicht schließlich ein Wegedreieck, an dem wir nach rechts zum Rastplatz mit Schutzhütte gehen. An der Wiese entlang erreichen wir die **Suhler Ausspanne** (6.30 Std.), wo der Rennsteig nach links abbiegt. Rechter Hand steht ein Gedenkstein für Julius Kober, den Fürsteher des Rennsteigvereins 1937–70.

Jetzt geht es noch einmal steil bergan, dann ist voraus schon der Scheitelpunkt des Weges zu sehen – mit 973 m der höchste Punkt des gesamten Rennsteigs! Etwa 300 m dahinter liegt links etwas erhöht **Plänckners Aussicht,** eine halbrunde Steinbank (7 Std.). Dahinter bietet eine Aussichtsplattform das, was man an diesem Platz lange vermisste – Aussicht: Tief unten liegt der Suhler Vorort Goldlauter, überragt vom Ringberg, den das ehemalige FDGB-Ferienheim und heutige Ferienhotel wie eine Burg krönt.

Die Gedenktafel wurde 1898 vom Rennsteigverein zum 40. Todestag des Ahnherrn gestiftet. Dabei wurde als dessen Vorname fälschlich Justus statt Julius eingraviert, was vor der Einweihungsfeier niemandem rechtzeitig auffiel ...

Das kurze Stück auf den flachen Gipfel des **Großen Beerberges** zu laufen lohnt nicht (mit 982 m höchste Höhe des Thüringer Waldes), da keine Aussicht besteht und das Naturschutzgebiet Beerbergmoor nicht betreten werden darf.

Exakt 100 Rennsteig-Kilometer liegen noch vor uns, wenn wir den Abstieg zur Schmücke beginnen! Der Rennsteig senkt sich zunächst auf breitem Schotterweg bergab und biegt dann nach etwa 500 m rechts auf einen Wurzelpfad ab, der hinter dem dunklen Waldstück den **Adler** erreicht, eine Wegekreuzung nahe der Schmückestraße (»Adler« hießen früher alle mehrarmigen Wegweiser im Thüringer Wald). Der Rennsteig kreuzt hier den Fahrweg und setzt sich auf dem rechten der beiden Wege fort, bald parallel der Straße (wer zur nahen Suhler Hütte will, achte auf den beschilderten Abzweig nach rechts). Hinter der Wetterstation verläuft der Rennsteig geradeaus weiter, den Straßenbogen abschneidend, und hinunter zur **Schmücke** (7.30 Std.).

Der dicke Joel

Die Schmücke und der dicke Joel

Die Schmücke »schmiegt« sich (daher der Name) als große Bergwiese an den Pass-Sattel, auf dem sich von alters her mehrere Gebirgsübergänge kreuzen. Ursprünglich wurde hier oben Pferdezucht betrieben, seit 1812 besteht eine Schankwirtschaft, die Mitte des 19. Jh. zum Gasthof ausgebaut wurde, als der Fremdenverkehr zunahm. Berühmt wurde die Schmücke durch ihren damaligen Wirt, den »dicken Joel«, einem großen Spaßvogel, von dem man sich bis heute manche Anekdote erzählt. Da er auch hohe Herrschaften auf die Schippe zu nehmen pflegte, wurde sein Andenken auch vom SED-Staat gepflegt.

Johann Friedrich Joel (1792–1852), ehemals Feldjäger, dann Leibwächter eines hohen Herrn, hatte 1843 die ärmliche Herberge auf der Schmücke übernommen. Die Pläncknersche Pass-Straße beim nahen Oberhof hatte bald die Region stärker erschlossen, und gegen Ende der Biedermeierzeit gab es keinen besseren Stützpunkt für Touren auf die höchsten Höhen des Thüringer Waldes als die Schmücke, zumal deren Wirt stets für »formidable« Stimmung zu sorgen verstand.

Dem herzoglichen Fiskus in Gotha blieb der Aufschwung nicht verborgen, den die fidele Herberge auf dem windigen Dach des kleinen Landes nahm. Eines Tages entstieg der Postkutsche daher ein Assessorlein und nahm das Anwesen akkurat in Augenschein. Der dicke Joel war die Freundlichkeit selbst und erklärte jovial, er wolle den Pachtzins gerne verdoppeln. Hochzufrieden mit diesem Erfolg kehrte der Beamte nach Gotha zurück. Als man nun in den Büchern den genauen Betrag der Forderung feststellen wollte, gab es lange Gesichter: Joel hatte die Schmücke nämlich seinerzeit pachtfrei erhalten, nur damit er das ärmliche Viehhaus mit Schenke und Herberge überhaupt bewirtschafte! Doch damit nicht genug: Die Staatskasse hatte ihm sogar die ganze Zeit über noch 100 Taler jährlich gezahlt!

Die fielen jetzt fort, aber Pacht musste der dicke Joel auch fürderhin nicht zahlen.

In den 20er und 30er Jahren des 20. Jh. entwickelte sich die Schmücke zum Ausflugsziel der Oberhofer Schickeria, war in der DDR-Ära ein Ferienheim und sucht nun ihren Platz in der Freizeitgesellschaft des 21. Jh.

Alfred Roßner (1855–1893)

Im Sommer 1890 war Roßner als einer der ersten von August Trinius (s. S. 46) Inspirierten über den Rennsteig gewandert. In einem lustigen Wanderbüchlein erzählte er 1892, wie er und ein Kamerad bei einem stundenlangen Irrweg zwischen Spechtsbrunn und Ernstthal das weiße »R« der Rennsteigmarkierung nach der feschen Försterstochter vom Waldhaus Weidmannsheil »Mareile« tauften (s. S 57): Weil es sie immer so hold anlächelte, solange sie auf dem rechten Weg waren, sich aber neckisch versteckte, als sie an einer besonders tückischen Weggabelung nicht mehr weiterwussten. Die Bezeichnung setzte sich rasch durch und auch die Zeitschrift des Rennsteigvereins heißt bis heute »Mareile«.

Im Osten was Neues!

4. Tag: Von der Schmücke nach Neustadt am Rennsteig

Bei dieser Erholungsetappe nach dem gestrigen »Gewaltmarsch« überschreiten wir die Rennsteigmitte, die zugleich ziemlich genau den Übergang vom Thüringer Wald ins Thüringer Schiefergebirge markiert. Neu ist in der Osthälfte unseres Wanderweges aber nicht nur das Gestein, sondern auch, dass hier Ortschaften auf dem Gebirgskamm liegen, weil er breiter und weniger steil ist. Neu ist daher auch, dass der Rennsteig auf verschiedenen Abschnitten als traditionelle Ortsverbindung fungiert und daher zur Straße ausgebaut wurde – und der Wanderweg auf Paralleltrassen verläuft.

Dauer: 4.15 Std.

Länge: 18 km

Charakter: Einfach; kaum nennenswerte Steigungen, dafür länger bergab und lange ebene Strecken.

Einkehrmöglichkeiten: Allzunah, Großer Dreiherrnstein, Neustadt

Übernachtung: Information im Fremdenverkehrsamt Neustadt, Tel. 03 67 81-237 78-9

Gehen Sie vom **Gasthof Schmücke** zurück zur Straßengabelung und dort links hinunter Richtung Schmiedefeld. Nach 30 m biegt der Rennsteig hinter der Bushaltestelle rechts auf den Parallelweg ab, der weiter unten den **Borstenplatz** erreicht (Schutzhütte, Rastplatz), wo der

Allzunah

Herbert-Roth-Stein von 1996 an den aus dem nahen Suhl stammenden Komponisten des Rennsteigliedes von 1951 erinnert, das in der DDR zum immergrünen Volksmusikschlager avancierte.

Der Rennsteig zieht geradeaus weiter in den Wald und zweigt dann an der Gabelung halblinks bergabführend vom Hauptweg ab. Bald ist die **Mordfleckwiese** erreicht (30 Min.), die nicht nach ruchloser Tat benannt ist, sondern nach dem modrigen Boden, also eigentlich »Moorfleck«. Der Wanderpfad begleitet die Straße zunächst entlang der Wiese, kreuzt dann zur Schutzhütte auf die andere Seite und verläuft dort weiter parallel der Straße. Kurz vor Erreichen des Hochwaldes zweigt der Rennsteig auf einen modrigen Wurzelpfad rechts ab, kreuzt bald einen Forstfahrweg, begleitet weiter die Straße, in deren Rechtskurve er dann geradeaus weiterführt, ebenso an der Dreifachverzweigung in der Linkskurve, nun bergab. Bald erreichen Sie die Waldwiese an der **Alten Tränke** (Rastplatz, Schutzhütte). Am Rande der Lichtung fließt ein Rinnsal durch eine Reihe vermodernder Tränktröge. Hier oben lagen vor dem Siegeszug der Eisenbahn die hennebergischen Pferdezuchtwiesen, offene Bergweiden prägten das Landschaftsbild, das durch den Wald mittlerweile grundlegend verändert wurde.

Der Rennsteig setzt seinen Abstieg fort und trifft unten wieder auf die Straße, die der Wanderweg in mehr oder weniger großem Abstand begleitet, so auch an der Kreuzung mit der Suhl und Ilmenau verbindenden Pass-Straße (B 4) kurz vor dem Bahnhof Rennsteig.

Hinter dem Bahnübergang verläuft der neu präparierte Wanderweg weiter ein Stück links der Straße, wodurch der **Bahnhof Rennsteig** (1.30 Std.) nicht mehr direkt berührt wird, der einst eines der großen »Einfallstore« zum Höhenweg des Thüringer Waldes war. Der Kopfbahnhof wurde 1904 als Bergstation der Strecke Erfurt–Schleusingen konzipiert, wobei der Gebirgsübergang bis 1927 nur per

Zahnradantrieb bewältigt werden konnte.

Der Wanderweg kreuzt schließlich die Straße schräg nach links und setzt seine Bahn in östlicher Richtung fort. Vor der erneuten Einmündung in die Straße geht es rechts auf dem Parallelweg weiter, die Straße wird bald zweimal gekreuzt, um eine Ecke abzukürzen und sie dann weiter auf ihrer rechten Seite zu begleiten. Gelbe Betonpfosten markieren den Verlauf der Ferngas-Trasse.

Nach einem etwas steileren Abstieg erreichen Sie schließlich den Wiesensattel von **Allzunah** (2.15 Std.), einem Weiler mit einer Handvoll Häusern und einem Café.

Bis zum Aufkommen der Eisenbahn war die hier das Gebirge kreuzende »Waldstraße« der wichtigste Übergang über den mittleren Thüringer Wald. Der Name des Weilers geht auf eine von 1691–1785 hier produzierende Glashütte zurück, die aber »allzu nah« bei den Stützerbacher Konkurrenzbetrieben stand, was das Feuer zum Erlöschen brachte. Einzige Zeitzeugin ist die mächtige Rotbuche hinter dem letzten Haus, bei der der Rennsteig nach Durchqueren des Weilers wieder rechts von der Straße als Parallelweg abzweigt: Sie wurde 1691 bei Gründung jener Glashütte gepflanzt.

Nach gut 1 km wird ein weiteres Mal die Straße gekreuzt, von der der Rennsteig jetzt etwas weiteren Abstand hält, nun begleitet von hell-

blauen Betonpfosten, die den Verlauf der Wasserleitung von der Talsperre Schönbrunn (s. S. 134) nach Stützerbach markieren. Nach etwa 600 m biegt er dann aber von dieser Trasse auf die Kuppe rechts ansteigend ab und erreicht bald das Straßendreieck am **Großen Dreiherrnstein** (2.45 Std.; Gaststätte).

Sie haben hier die ungefähre Grenze zwischen Thüringer Wald und Thüringer Schiefergebirge erreicht, was im Kammbereich jedoch wegen einer Zunge rotliegenden Gesteins erst hinter Masserberg richtig deutlich wird. Und die exakte Mitte des Rennsteigs ist nun auch nicht mehr fern!

Den Großen Dreiherrnstein finden Sie, wenn Sie an der Waldschänke vorbei und schräg über den Park-

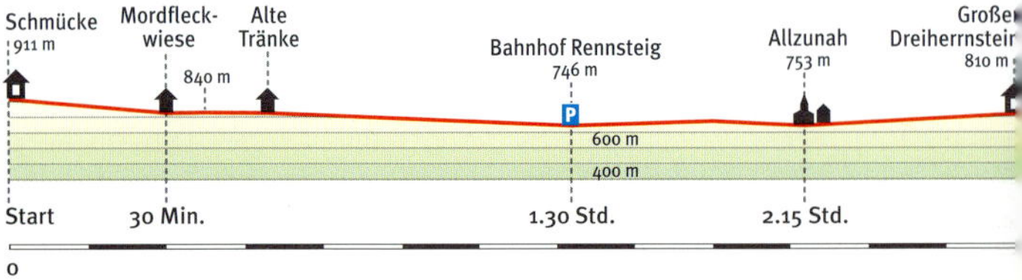

platz gehen, an dessen Rande er sein eher unscheinbares Dasein in der modernen Welt fristet. Die Aufschriften sind z. T. nur noch schwer zu entziffern. Auf der Westseite sieht man außer der Jahreszahl 1596 das noch ganz schwach erkennbare Wappentier der einstigen Grafschaft Henneberg, die Henne, darüber »KP« für Königreich Preußen als späterem Besitzer; auf der Südwestseite die sächsische Raute; im Süden ursprünglich die Schwarzburger Gabeln (s. Abb. auf Infotafel) sowie FSS (Fürstentum Schwarzburg-Sondershausen) und XX.

Der Rennsteig kreuzt am Dreiherrnstein den Graben und zieht geradeaus als breiter Weg in den Wald, biegt an der Gabelung beim sächsischen Wappenstein von 1598 rechts ab und präsentiert sich nun als prächtiger Wappenweg. »Schwarzburger Gabeln« begegnen uns in verschiedener Ausrichtung, Größe und Form und werden ein Leitmotiv auf dem weiteren Verlauf des Rennsteigs. Auf den Rückseiten der Steine sieht man jeweils die sächsische Raute in verschiedenen Ausführungen.

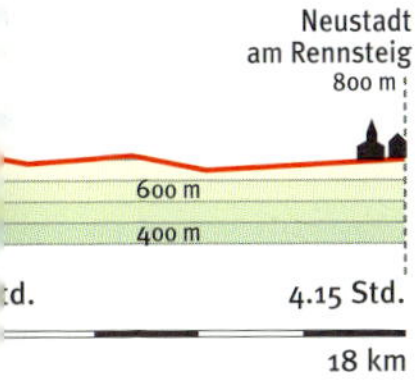

Kurz hinter dem Scheitelpunkt der **Morast** genannten niedrigen Anhöhe (3 Std.; Rastplatz) haben wir die exakte Mitte des Rennsteigs erreicht! Er folgt weiter der Grenzsteinreihe, kreuzt unten ein weiteres Mal die Straße und zieht dann schnurstracks über den **Großen Burgberg** (3.30 Std.). Nach dem Abstieg folgt der Rennsteig kurz der Straße nach rechts, biegt dann vor dem Wald rechts ab und führt über den freien Wiesenplan nach **Neustadt am Rennsteig** hinauf (4.15 Std.). Beim Aufstieg wird deutlich, dass wir den schmalen Kamm des Thüringer Waldes nun hinter uns lassen und das breitrückigere Schiefergebirge erreicht haben.

Der Große Dreiherrnstein

Eine der ersten Amtshandlungen des gerade gegründeten Rennsteigvereins war die Ausrichtung der 300-Jahr-Feier des »Großen Dreiherrnsteins« im August 1896. Trotz schlechten Wetters strömten über dreitausend Menschen auf dem Kamm des Gebirges zusammen! Wege und Stege waren von Fußgängern, Reitern, geschmückten Fuhrwerken und Equipagen belebt und »in langen Zügen schossen Radler vorüber«. Vereine marschierten mit ihren Fahnen auf und »Musikbanden rollten auf Leiterwagen unter schmetternden Ländlern zum Festplatze hin«, über dem der Duft von Rostbratwürsten lag, während Schaukeln, Karussells und Schießbuden den Betrieb aufnahmen. Höhepunkt war das gemeinsame Anstimmen von: »Heute tönen uns're Lieder zu Alldeutschlands Ruhm und Ehr' ... Uns durchglühet eine Flamme: Hoch das deutsche Vaterland!« Es war das Jahr der ersten modernen Olympiade, der Entdeckung der radioaktiven Uranstrahlung durch Becquerel, des Erscheinens von Herzels »Der Judenstaat«.

Auf der hennebergischen Seite des Großen Dreiherrnsteins von 1596 erkennt man ganz schwach noch die »Henneberger Henne«

Neustadt am Rennsteig

Kaum zu glauben: Bis zur Gründung des Landes Thüringen im Jahre 1920 bestand Neustadt aus zwei getrennten Gemeinden rechts und links der Hauptstraße, auf welcher der Rennsteig als Grenze zwischen dem Herzogtum Sachsen-Meiningen (rechts) und dem Fürstentum Schwarzburg-Sondershausen (links) verlief. Im 19. Jh. war der Ort als »Schwamm-Neustadt« bekannt, denn nachdem die Glashütte 1815 schließen musste, hatten sich die Bewohner nach neuen Erwerbsquellen umsehen müssen und waren auf den Zunderschwamm gekommen, der in den umliegenden Wäldern reichlich vorhanden war und sich zu Pfeifenanzündern verarbeiten ließ, die bald bis England als »German tinder« bekannt waren. Die Einführung von Zündhölzern zwang die Neustädter erneut zur Umstellung, was Arbeit in giftigen Phosphordämpfen bedeutete, die niemand ernst nahm, bis es zu spät war: Viele erkrankten an Phosphor-Nekrose, einer Knochenerweichung, die vor allem Kiefer und Zähne in Mitleidenschaft zog, so dass Neustadt bis ins 20. Jh. hinein durch die deformierten Gesichter vieler seiner Bewohner bekannt war.

Ein Hoch dem edlen Trinio!

5. Tag: Von Neustadt nach Friedrichshöhe

Diese besinnliche Etappe führt uns endgültig ins Thüringer Schiefergebirge, das wir von der Rennsteigwarte sehr schön überschauen können, bevor wir den verschlafenen Weiler Friedrichshöhe erreichen.

Dauer: 4 Std.

Länge: 17 km

Charakter: Mittelschwer wegen zweier kräftiger Anstiege, sonst aufgrund der Kürze eine leichte Tour.

Einkehrmöglichkeiten: Kahlert, Triniusbaude (Mo Ruhetag), Masserberg, Rennsteigwarte auf dem Eselsberg (Mi Ruhetag), Friedrichshöhe

Übernachtung: Auskunft beim Verband Naturpark, Tel. 03 67 04/806 70

Der Rennsteig verlässt **Neustadt** auf der Durchgangsstraße, die er hinter dem Ortsausgang links als Trampelpfad bis **Kahlert** begleitet. Beim Abstieg ist voraus schon Masserberg mit der Rennsteigwarte zu sehen.

Kahlert war früher der dritte Etappenort der großen Pfingstrunst (»Rennerkirmes auf dem Kahlert«). Heute gibt es im Gasthaus Falken keine Zimmer mehr, Einzelwanderer finden einige Privatquartiere in dem Weiler, der ehedem Posthaltestelle und Pass-Station der Handelsstraße Coburg–Erfurt war. Von etwa 1700–1985 wurde in einer kleinen Brauerei neben dem Gasthaus FalkenBräu ein Bier gebraut, das seine Wiederauferstehung einige Jahre nach der Wende feiern durfte, aber nicht mehr vor Ort, sondern nach altem Rezept in Kulmbach gebraut wird.

Der Rennsteig verlässt Kahlert auf der Straße Richtung Masserberg und biegt dann wie gehabt rechts auf einen Parallelweg ab, der nach einiger Zeit zur anderen Straßenseite hinüberwechselt. Bald wird die **Teufelsbuche** passiert, die die Stelle markiert, wo in alten Zeiten Viehschmuggler bei Nacht und Nebel den Gebirgskamm zu überqueren pflegten. Etwa 500 m hinter dem Parkplatz Hoher Stock, direkt bevor es dann bergab geht, steht wenige Meter links des Weges der **Laßmannstein.** Er erinnert an einen Förster, der hier am »6. Oct. 1764« (Rückseite des Steins) von Zigeunern erschossen wurde.

Nun geht es hinab zum Straßenpass an der **Schwalbenhauptwiese,** wo wir über den Parkplatz gehen und dann hinüber zur **Triniusbaude** (1.30 Std.). Das Wanderlokal – wo man übrigens das neu aufgelegte Falken Bräu genießen kann – trägt seinen Namen wegen des wenige Meter weiter im Wald gelegenen **Triniussteins.** Bei diesem Felsen hatte der Rennsteigpionier (s. S. 46) auf seinem Erkundungsmarsch 1889 Schwierigkeiten, den exakten Weiterverlauf des Rennsteigs auszumachen. »Da warf ich mich nahe eines umbuschten Porphyrfelsens hinein in düstere Wildnis von Tannicht und Sumpf, bis nach Suchen ein Freudenruf dem harrenden Wanderkameraden kündete, dass ich den ersten Grenzstein wieder entdeckt, die Fortsetzung des Rennstiegs festgelegt hatte.« Noch zu Lebzeiten Trinii wurde eine Gedenktafel angebracht.

Gleich hinter der Baude führt der Rennsteig links in den ›romantischen‹ Hohlweg, durch den einst die Pferdefuhrwerke auf den Gipfel des **Ersteberges** (1.45 Std.; Schutzhütte) ächzten und dort – wie auch Sie, liebe Wanderer – nach links weiterzogen, entlang der Steingalerie der alten schwarzburgisch-meiningischen Grenze.

Am Rande einer Waldwiese liegt 100 m links des Weges die **Bühringshütte,** von der eine schöne Aussicht nach Osten besteht. Johannes Bühring wurde bereits erwähnt; er war Mitbegründer des Rennsteigvereins, hatte zusammen mit Ludwig Hertel den ersten ausführlichen Rennsteigführer verfasst und war nach dessen Tod von 1910 bis 1932 Fürsteher des Vereins. In »Des Rennsteigs steinerne Chronik« erzählte er 1929, dass er es war, der den Namensfehler an Plänckners Aussicht zu verantworten hatte (s. S. 36).

Der Rennsteig führt hinab auf den Wiesensattel über Masserberg, das links liegen bleibt, während unser Wanderweg oben auf dem Kamm bleibend die Straße kreuzt und sich hinauf auf den **Eselsberg** schwingt (2.30 Std.; Gaststätte). Von der **Rennsteigwarte** haben Sie bei gutem Wetter eine umfassende Rundsicht: Vielleicht erkennen Sie im Rückblick den Großen Beerberg, voraus im Osten markiert ein hoher Schornstein das 18 Rennsteig-Kilometer entfernte Neuhaus, der Sen-

deturm im Südosten den Eisfelder Bleß. Markantester Punkt aber ist heute die Dammkrone des Oberbeckens des neuen Pumpspeicherwerks Goldisthal (Flutung 2001), ein riesenhohes Denkmal menschlicher Ingenieurskunst, das selbst die Rennsteighöhe überragt.

200 m hinter der Warte biegt der Rennsteig halblinks von dem breiten Fahrweg ab und führt durch schönen, lichten Fichtenwald, wobei man wieder gut seinen Kammwegcharakter erkennt, und erreicht unter dem ›Geleitschutz‹ schöner Wappengrenzsteine die Wegekreuzung an der Heidehütte beim **Dreiherrnstein auf der Hohen Heide** (2.45 Std.) von 1846. Im Rennsteigführer von 1910 wird noch ausführlich die »prächtige

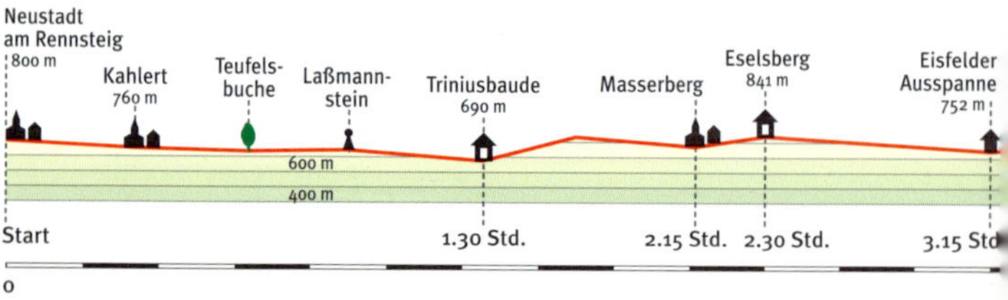

Ausschau« von hier beschrieben...

Wir wandern geradeaus weiter bergab – und überschreiten nach etwa 500 m die 100-km-Marke unserer Rennsteigwanderung! Unten treffen wir auf einen Fahrweg, von dem der Rennsteig sofort nach links abknickt. Bald erreichen wir die **Eisfelder Ausspanne** (3.15 Std.), einen alten Straßenpass mit großem Meilenstein, Rastplatz und Schutzhütte.

Hinter dieser steigt der Rennsteig nun auf grasigem Weg kurz an, folgt dann der Forststraße kurz nach links, um 200 m weiter wieder links von ihr abzubiegen. Bald beginnt der kräftige Anstieg auf die **Pechleite** durch einen engen, ruppigen Hohlweg. Der Name deutet auf ein altes Waldgewerke, das auf dieser »Leite« (Berghang) einen Harzwald bewirtschaftete, wofür sich am besten Kiefern und Lärchen eigneten. Bis gegen Ende des 19. Jh. war der Thüringer Wald einer der Hauptmärkte des Pech- und Kienrußhandels.

Gegen Ende des Anstiegs fällt rechts des Weges ein heller Quarzitblock ins Auge, der **Germarstein.** Eine Gedenktafel erinnert an den Rennsteig-Forscher Major Bruno von Germar (1873–1924), der deutschnationalen Rennsteig-Enthusiasten seine Forschungen über die Bedeutung slawischer Siedlungen im östlichen Rennsteig-Gebiet »entgegengehalten« und dabei »in seiner Dichtung das Wiedererstarken des Vaterlandes im Auge gehabt« hat ... Der Quarzitblock wurde bereits um 1545 als »weysen Khieselnstein an der Straße uff der herzog'schen Seite« erwähnt.

Wenig später macht der Rennsteig einen Linksknick und beginnt den Abstieg, an dessen Ende er wieder auf die Forststraße trifft. Diese begleitet er nun links als Parallelweg auf seiner Originaltrasse (Grenzstei-

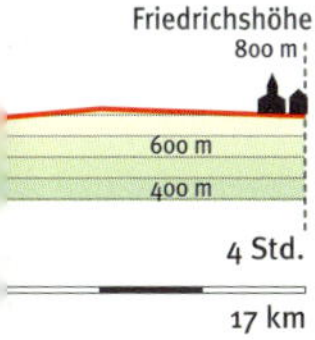

ne!) bis an den Ortsrand von **Friedrichshöhe** (4 Std.), einst die kleinste Gemeinde der DDR.

August Trinius (1851–1919)

Der vielgelesene Wanderschriftsteller der Kaiser-Wilhelm-Zeit leitete 1890 durch sein Rennsteigbuch den Ansturm des Bildungsbürgertums auf den Thüringer Höhenpfad ein.

Trinius traf genau die Stimmungslage der Zeit, indem er den »geheimnisvollen Weg« auf dem Thüringer Gebirge als ehrwürdiges Geschichtsdenkmal feierte, dessen Erwanderung er zugleich als Pioniertat zweier Blutsbrüder schilderte, die manchen Krug unterwegs leeren. Es war die Zeit, in der Karl May erste Erfolge feierte und Deutschlands Drang nach Kolonien allenthalben eine abenteuerlustige Stimmung weckte. Da kam Trinius' Schilderung einer Rennsteigwanderung als bürgerlich temperiertes Freizeitabenteuer gerade zupass, zumal fern der Städte in luftiger Thüringer Höhe noch manches Rätsel der Entzifferung harrte.

Der geschichtsträchtige Nimbus des Rennsteigs übte speziell auf das Bildungsbürgertum seine Faszination aus. Lehrer, Professoren, Sprach- und Heimatkundler folgten bald den Spuren Trinii, und als Ludwig Hertel am 3. Oktober 1892 seinen Aufruf zur Gründung eines Rennsteigvereins ins Gästebuch des Waldhauses Weidmannsheil schrieb, huldigte er dem Rennsteigpionier mit seinen »Neuen Casusregeln«:

»Wer riet zu diesem Hochgenuss,
der Rennsteigfahrt? Doch Trinius!
Oh Wandersmann, du irrest nie,
folgst Du der Weisung Trinii!
Drum lieber Freund, ruf' mit mir froh:
Ein Hoch dem edlen Trinio!
Auf allen Pfaden grad und krumm
gedenken wir an Trinium.
Oh Trini, sollst gepriesen sein
von Hörschel bis nach Blankenstein!
Von wem begeistert dicht' ich so?
Doch nur von August Trinio!«

Der Triniusstein

Porzellan, Glas, Griffelschiefer

6. Tag: Von Friedrichshöhe nach Spechtsbrunn

Heute durchwandern wir auf dem Rennsteig das einstmalige Industrierevier. Keine Sorge, geschäftig geht es heute nur noch in Neuhaus zu, der größten Stadt auf dem Gebirge, ansonsten umfangen uns die ewig rauschenden Wälder...

Dauer: 6 Std.

Länge: 24 km

Charakter: Mittelschwer: Wäre die Länge nicht, wäre es eine leichte Wanderung mit nur zwei kurzen Anstiegen.

Einkehrmöglichkeiten: Limbach, Neuhaus, Ernstthal, Spechtsbrunn

Übernachtung: Gemeindeverwaltung Spechtsbrunn, Tel. 03 67 62/891 00; Ferienwohnungen Familie Lochschmidt, Tel. 03 67 03/802 26

Wir setzen die Wanderung am Ortseingang von **Friedrichshöhe** fort, das der Rennsteig oben am Waldrand umgeht. Hinter dem Ort begleitet er die Straße für gut 1 km links als Parallelweg bis zu der Rechtskurve und biegt dort links zum nahen **Dreistromstein** (35 Min.) ab. Der dreiseitige Obelisk wurde 1906 auf einem Sockel aus Rhein-Quarz, Weser-Grauwacke und Elbe-Granit errichtet, Symbolen der drei Ströme, deren Einzugsgebiete hier aneinanderstoßen. Wir stehen also auf einer der wichtigsten europäischen Wasserscheiden. Der naive Laie stutzt freilich ob der umgebenden Topographie: Können an dieser Stelle denn wirklich die Wasser in drei Richtungen abfließen? – Oder hat da die Rennsteigschöngeisterei ein wenig nachgeholfen?

Neben der Schutzhütte steht der **Dreiherrnstein am Saarzipfel,** wo zwei sächsische und die schwarzburgische Herrschaft aneinander stießen, und auf dem Weiterweg säumen schöne Wappensteine den Rennsteig. Später liegt rechts das für seine Christbaumkugeln bekannte Steinheid dicht unter der höchsten Erhebung des Schiefergebirges, dem Kieferle (868 m), dann steigen wir nach **Limbach** hinab (1 Std.), die »Wiege des Thüringer Porzellans«.

Der Rennsteig kreuzt die Straße und steigt über den Skilifthang forsch bergan. Mitten auf der Wiese steht in einer Fichtengruppe das **Greinersche Erbbegräbnis,** ein Mausoleum, das sich in beklagenswertem Zustand präsentiert. Die zugemauerte Gruft enthält drei Zinnsärge mit den sterblichen Überresten Gotthilf Greiners, seiner Gattin sowie seines Vaters Gottfried, der 1728 Limbach und drei Jahre später eine Glashütte gegründet hatte.

Oben folgt der Rennsteig dem Linksbogen des Hauptweges (rechter Hand wieder Steinheid) und dann der asphaltierten Sommerloipe auf den Gipfel des **Sandberges** (1.30 Std.), wo ein Gedenkstein »Frei ist der Kammweg« steht. In der scharfen Rechtskurve zieht der Rennsteig geradeaus auf dem Kamm weiter. Der Sandberg ist eine auf dem älteren Schiefergestein aufliegende Restscholle jüngeren Sandsteins, und sein Name weist ihn als Rohstofflieferanten für die Glasbläser der Umgegend aus – und für das Limbacher Porzellan. Beim Abstieg fällt rechts ein ziemlich tiefer Krater auf, in dem schon längst wieder Bäume wachsen: Das war der Greinersche Rohstoffbunker, aus dem Sande mit bis zu 35% Kaolinanteil gewonnen wurden, die begehrte Porzellanerde.

Ein Hohlweg führt hinab zum **Parkplatz Sandwieschen** (Schutzhütte) an der Straße nach Neuhaus. Der Rennsteig folgt hier wenige Schritte dem Weg halblinks bergab, zweigt dann aber gleich wieder rechts hinauf ab und steigt dann hinter dem Parkplatz steil durch einen Hohlweg bergan.

Bald nach dem Linksknick oben, an der Wegekreuzung bei der Schutzhütte am **Rollkopf,** zieht der Rennsteig geradeaus weiter. Meine Empfehlung: Machen Sie bei gutem Wetter den etwa 500 m längeren Umweg nach links zum **Aussichtspunkt Weidmannsheil** (1.15 Std., Rastplatz, Schutzhütte), von dem man einen prächtigen Blick auf den Schwarzastausee (Tour 14) und den dahinter ansteigenden Wiesenplan von Scheibe-Alsbach/Limbach genießen kann. Der Sendeturm auf dem Eisfelder Bleß (Tour 15) ist noch einmal zu sehen und halbrechts in der Ferne die Rennsteigwarte bei Masserberg.

Auf dem bisherigen Weg weitermarschierend gelangen Sie wieder auf den Rennsteig (Schutzhütte, schöner Wappenstein), der hier ei-

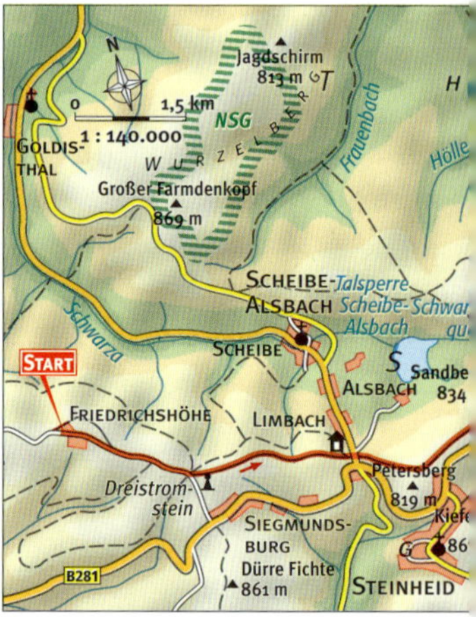

nen Rechtsbogen macht. Immer geradeaus an den Grenzsteinen entlang wandernd erreichen Sie die Straße vor der **Rennsteigbaude Bernhardsthal** (2.30 Std.).

Vor dem Parkplatz wendet sich der Ersatz-Rennsteig (das Original ist hier unpassierbar) nach links in den Wald, führt dann bald auf breiterem Forstweg zum Waldrand, dort rechts. Wir folgen der Fahrstraße nur wenige Meter und biegen dann auf den Parallelweg ab.

Der mit »R« markierte Weg kreuzt schließlich eine Straße und führt am Rand des Gewerbegebietes entlang nach **Neuhaus am Rennweg.** Dort treffen wir auf die Durchgangsstraße (schräg gegenüber die Gebäude des ehemaligen Mikroelektronikwerkes).

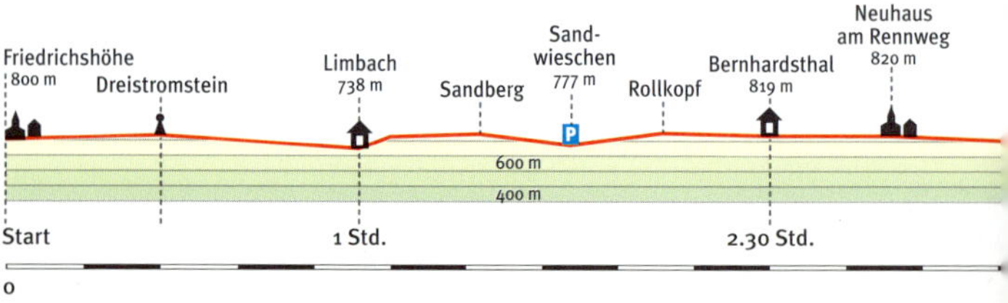

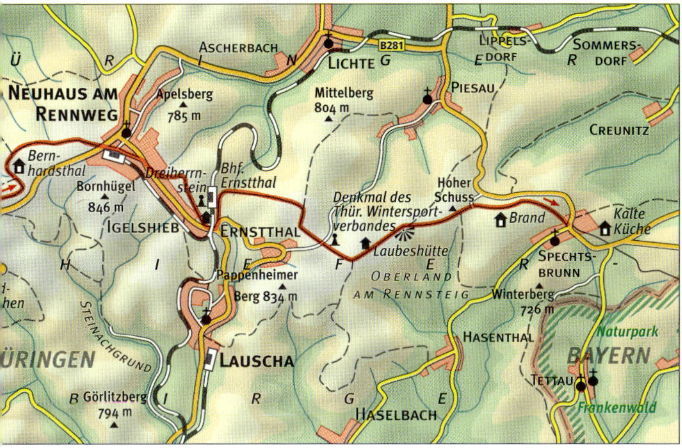

Dieser folgen wir kurz nach links und biegen an der Ampelanlage rechts in die Bahnhofstraße ein.

Hinter der Reihe recht geschmackvoll restaurierter Plattenbauten führt der Rennsteig die Straße halblinks hinab und biegt unten rechts in die Sonneberger Straße ein. Dieser folgen Sie nun immer geradeaus in den Ortsteil **Igelshieb,** mit 800 m einst höchstgelegenes Dorf Deutschlands – »Tyrol ausgenommen«. Auf der rechten Straßenseite fällt das Haus Nr. 106 (Heimatgeschichtliches Kabinett) durch seine putzige Schieferverkleidung auf. Hier wurde Heinrich Geißler geboren, der »Vater der Leuchtstoffröhre«.

Beim Gasthof Hirsch zweigt unser Wanderweg links von der Durchgangsstraße in die Ernst-Moritz-Arndt-Straße ab, an der Gabelung gehen wir rechts und hinter dem letzten Haus dann geradeaus zum Wald (Rastplatz). Dort treffen wir wieder auf den Rennsteig und folgen ihm, von schönen Wappengrenzsteinen begleitet, nach rechts am Waldrand entlang.

Unten an der Waldecke steht unterhalb der Sitzgruppe der **Dreiherrnstein auf der Hohen Laach** von 1548. Dieser älteste Dreiherrnstein auf dem Rennsteig ist leider schon so verwittert, dass außer der dreiseitigen Form nichts mehr auf den ursprünglichen Verwendungszweck hinweist.

Der Wanderweg führt nun nach links hinab, unten rechts zur Straße,

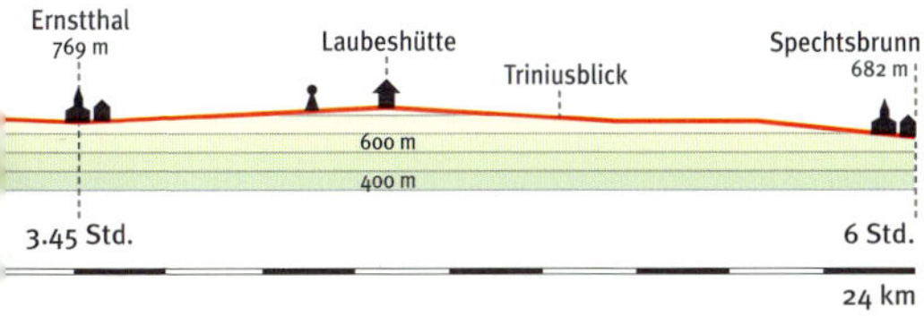

Beim Abstieg auf Spechtsbrunn erkennt man gut den flachwelligeren Charakter des Thüringer Schiefergebirges

über die Bahnlinie und dann links in den Ortsteil **Bahnhof Ernstthal** (3.45 Std.). Der Rennsteig folgt der Vorfahrtsstraße bis in die Rechtskurve und führt dort geradeaus Richtung Spechtsbrunn u. a. durch das Betriebsgelände und über den Rastplatz ins Wäldchen.

Dahinter gehen wir kurz rechts am Waldrand entlang und folgen dann dem geschotterten Fahrweg nach links, von dem der Rennsteig nach knapp 200 m halbrechts als Wiesenpfad abbiegt und oben bei der Schutzhütte in den Wald führt.

Dort wird später ein Schotterweg nach rechts versetzt gekreuzt, dann treffen Sie auf eine Forststraße, die nach links zum **Ehrenmal des Thüringer Wintersportverbandes** (4.30 Std.) für seine im Ersten Weltkrieg gefallenen Mitglieder führt. Hier lag das Ende des DDR-Rennsteigs, gleich dahinter begann das Sperrgebiet. Die Straße wurde erst nach der Wende gebaut.

Der Rennsteig steigt links des Ehrenmals bergan, an der bald folgenden Gabelung halblinks und auf einem schönen, wurzelrauhen Hohlweg wandern wir hinauf zum Forstort **Laubeshütte** (4.45 Std.), wo im 17. Jh. ein Jagdhaus stand – und heute eine Wanderschutzhütte. Für die Rennsteiggeschichte bedeutsam: Irgendwo in dieser Gegend wurde 1891 das weiße »R« der Rennsteigmarkierung von Alfred Roßner »Mareile« getauft (s. S. 38).

Der Rennsteig zieht nun auf dem Höhenrücken nach links weiter und kreuzt schließlich eine Forststraße. Zuvor wird man aber rechts zum nahen Rastplatz an der **Triniusbank** (5 Std.) gehen, von wo Sie einen herrlichen Ausblick über die südöstlichen Ausläufer des Thüringer Schiefergebirges und den Frankenwald genießen können, den der Rennsteig nun bald erreicht.

Wie Sie sehen, befinden Sie sich hier auf der Abraumhalde eines ehemaligen Schieferbruchs. Die Gesteinsstücke sind klein und länglich: Der hiesige Schiefer ließ sich nicht in haltbaren Platten abbauen wie der von Lehesten (Tour 18, S. 152), wohl aber in Stäbchen spalten, die in den umliegenden Dörfern gerundet, geglättet und für den Export in alle Welt verpackt wurden. Aus der Spechtsbrunner Gegend stammten daher die Schiefergriffel, mit denen unsere Vorfahren ihre ersten Schreibversuche unternahmen!

Der Rennsteig kreuzt also die Forststraße und zieht weiter seine Bahn als typischer Kammweg. Diese neuere Wegführung oberhalb des großen Griffelbruchs über den **Hohen Schuss** hat zunächst Unmut bei all jenen ausgelöst, denen die alte Wegführung durch den Bruch und am dortigen Gasthof Brand vorbei vertraut war. Diese findet sich in der Tat schon 1890 bei »Rennsteigvater« Trinius, der ausführlich das Arbeitsleben in dem Griffelbruch schildert. Ihm sind auch die späteren Rennergenerationen gefolgt, zumal ab 1905 hier eine kleine Wirtschaft bestand. Seine Vorgänger Ziegler (1862) und vor allem der wackere Plänckner (1830) hatten den Rennsteigverlauf freilich als über diese Kammhöhe führend beschrieben, so dass die neue Wegführung durchaus ihre historische Berechtigung hat. Wen der Hunger plagt, der kann übrigens beim Wasserbehälter rechts zum Gasthof hinabsteigen.

Der Rennsteig führt schließlich kräftig bergab und trifft an der **Geißlerswiese** auf die Zufahrt zum Gasthof, folgt ihr kurz nach rechts und biegt dann links ab. Mit schönem Ausblick nach Nordosten wandern wir am Rand des Waldes entlang, in den der Rennstig bald halbrechts abbiegt und oben die Stromtrasse kreuzt. Am Waldrand erreichen wir einen Rastplatz mit Blick in die Spechtsbrunner Mulde – der wegen des neuen Gewerbezentrums freilich nicht mehr ein malerischer genannt werden kann ... Über den Wiesenplan zieht der Rennsteig nun hinab nach **Spechtsbrunn** (6 Std.) dessen schiefergraue Häuser bald unter uns liegen.

Gotthilf Greiner – der Vater des Thüringer Porzellans

Gotthilf Greiner (1732–1797), der »Säulenheilige von Limbach«, entdeckte hier 1760/61 mit zwei Gehilfen unabhängig von anderen (z. B. Böttger in Meißen) das Geheimnis der Porzellanherstellung. Greiner war kein weltfremder Laborant, sondern erwies sich als gerissener Geschäftsmann. So fälschte er anfangs die gekreuzten Kursachsen-Schwerter der Meißener Ware und machte durch den Skandal die Qualität des Limbacher Porzellans bekannt. Später kreuzte er dann zwei L und firmierte schließlich mit dem Kleeblatt als eigenem Markenzeichen. 1945 wurde die älteste Porzellanfabrik des Thüringer Waldes durch amerikanischen Tieffliegerbeschuss zerstört.

Neuhaus am Rennweg

Im SED-Jargon wurde Neuhaus als »Industrieburg auf dem Rennsteig« gefeiert – als Gegengewicht zur Wartburg, die am anderen Ende des Höhenweges die Feudalordnung repräsentierte. Der VEB Mikroelektronik gab rund 2000 Menschen Arbeit, die hier, in strukturarmer Region, zentral für die DDR-Wirtschaft Elektronenröhren, Transistoren und Halbleiter produzierten. Der Großbetrieb existiert nicht mehr, einige kleinere Betriebe haben sich auf dem Areal angesiedelt, die sich nur noch z.T. mit Elektronik befassen.

Die industrielle Fertigung elektronischer Röhren hatte übrigens schon 1935 hier in Neuhaus begonnen, als Telefunken eine Glashütte erwarb und zum Röhrenwerk für Volksempfänger und militärische Nachrichtentechnik ausbaute.

Heinrich Geißler – der »Vater der Leuchstoffröhre«

Dieses wohl größte Genie, das der Rennsteig hervorbrachte, war ein typisches Produkt des Bildungssystems des 19. Jh., in dem Hochbegabte aus den Unterschichten nur auf Umwegen in die Bildungsbürgerelite aufsteigen konnten. So brachte es Heinrich Geißler (1814–1879) aus dem ärmlichen Igelshieb durch unwiderstehliche Ingeniosität vom einfachen Mechaniker zum – abiturlosen – Professor der Universität Bonn. Sein Erfindergeist entwickelte sich aus dem heimischen Handwerk, denn die technischen Instrumente, die seinen Ruhm begründeten, hatten meist Glasröhren als wichtiges Bauteil, seine Spezialität waren Vakuumröhren. So baute Geißler ein Hochtemperaturthermometer, mit dem erstmals Temperaturen bis über 500° C exakt gemessen werden konnten. Seine wichtigste Erfindung aber war die Geißler-Röhre, das wohl populärste Gerät der Physik des 19. Jh., eine Vakuumröhre zur Untersuchung von Glimmentladungen bzw. der Stromleitung in Gasen – aus der letztendlich unsere Leuchtstoffröhre hervorging!

Auf dem Schönwappenweg

7. Tag: Von Spechtsbrunn nach Brennersgrün

Der Ausgangsort der Rennsteigbewegung und die schönsten Wappengrenzsteine der ganzen Wanderung stehen heute auf dem Programm.

Dauer: 5.15 Std.

Länge: 20 km

Charakter: Eher leichte Wanderung mit ein paar kürzeren Anstiegen

Einkehrmöglichkeiten: Kalte Küche, Frankenwaldhütte an der Schildwiese (April–Okt. wochenends ab 14 Uhr bewirtschaftet), Steinbach, Brennersgrün

Übernachtung: Auskünfte bei der Stadtverwaltung Lehesten, Tel. 03 66 53/22 381

In **Spechtsbrunn** setzen wir die Wanderung vom Gasthaus Am Rennsteig auf der Durchgangsstraße nach links fort. Nach 120 m biegt der Rennsteig links ab Richtung Kalte Küche u. a. An der Gabelung halbrechts – und schon marschieren Sie an der alten NVA-Kaserne vorbei aus dem schieferverkleideten Ort.

Über eine flache Kuppe erreichen wir die **Kalte Küche** (15 Min.; Gasthaus, Imbiss), den »Coburger Pass« der alten Nürnberg-Leipziger Handelsstraße und heute ein wahrer Verkehrsknotenpunkt. Der Rennsteig kreuzt die Straße zur Imbissbude, quert dort wiederum die von Tettau herauf kommende Straße und zieht dann auf dem schnurgeraden Asphaltfahrweg der früheren Grenztruppen zum Wald. 1911 rauschte der Name Kalte Küche übrigens kurz durch den Blätterwald, wurde über dem Pass doch auf einem Flug München–Berlin mit 900 m ein »Höhenweltrekord mit Fluggast« aufgestellt...

Der vor uns liegende Rennsteig, der nun für 10 km fast geradlinig dem Höhenkamm folgt, war früher als »Hohe Straße« (nach Böhmen), »Schleifweg« u. ä. bekannt, erst die Wandervögel bürgerten auch hier die Bezeichnung Rennsteig ein.

Hinter dem Wald erreichen wir die **Schleifenwiesen** (40 Min.; Rastplatz), wo wir erstmals auf die frühere deutsch-deutsche Grenze treffen. Diese Stelle hat sogar eine besondere Bedeutung für die Rennsteiggeschichte, wurde hier doch am 28. 4. 1990 im Rahmen eines wahren Volksfestes erstmals die Grenze am Rennsteig geöffnet.

Heute wächst längst Gras über die verlassen daliegende frühere Grenzschneise, die unser Wanderweg kreuzt, um im Wald nach links weiterzuziehen. An der Gabelung später gehen wir geradeaus, queren dann wieder die Grenzschneise und folgen dem asphaltierten Fahrweg über den Wiesenplan bergab zur **Schildwiese** (1 Std.).

Bei der Einmündung in die Landstraße stehen rechts zwei Grenzsteine. Der größere ist ein Wappenstein mit sächsischer Raute sowie einer prächtigen Ausgabe des »brandenburgischen Adlers«, des Wappens der Markgrafschaft Bayreuth (vgl. S. 13). Diese wurde später Teil des Königreichs Bayern, die südwestlichen sächsischen Kleinstaaten gingen 1920 im Land Thüringen auf. Daher markierte dieser Stein 1946–1990 auch die innerdeutsche Grenze (ursprünglicher Standort bis ca. 1995 links des Weges ein Stück vor Einmündung in die Straße). Der Rennsteig erreicht hier nicht nur Bayern, sondern – nach Meinung der einen Expertenfraktion – auch die Grenze zwischen Thüringer Schiefergebirge und Frankenwald.

Bei der **Frankenwaldhütte** kreuzt der Rennsteig die Straße. Im Wald bietet ein Schild zwei Wegvarianten an: Entweder geradeaus auf dem Original-Rennsteig hoch zu der recht befahrenen, schnurgeraden Landstraße, neben der ein Parallelweg verläuft. Empfohlen sei Ihnen aber stattdessen der links abzweigende straßenfreie Ersatzwanderweg, der kaum länger ist und zudem durch abwechslungsreiche Waldbilder führt.

Wir queren bald eine Wiese (bei Weidebetrieb auf Umgehungsbeschilderung achten) und erreichen wenig später den **Wollersbrunnen** (Rastplatz). Der mit »R« markierte ›Ersatz-Rennsteig‹ steigt nun etwas an. **Achtung:** Oben macht der Weg einen scharfen Rechts-links-Knick, steigt durch Fichtendunkel weiter kurz an und kreuzt oben einen Forstfahrweg (nun auch blauer Doppelstrich).

Wir folgen dann halblinks dem zunächst teils geschotterten Waldweg, treffen schließlich auf einen Forstfahrweg, in dessen Rechtskurve der Weg dann gleich wieder geradeaus abzweigt.

Oben an der Wegekreuzung gehen wir links. Der Wanderweg steigt bald am Rande einer Freifläche wieder auf den Kamm hinauf, verläuft dann an einer Wegespinne halbrechts auf dem Parallelpfad zu dem oft feuchten Hauptweg, mit dem er sich aber schon bald wieder vereint. Wir erreichen einen langgezogenen

Parkplatz, dem der Wanderweg nach links an der überdachten Sitzgruppe vorbei folgt, um dann kurz vor Einmündung in die Straße wieder links abzubiegen. Ein Forstfahrweg wird gekreuzt und wir setzen die Wanderung auf einem modrigen Pfad fort, einmal die Generalrichtung an einem Linksknick ändernd. Schließlich treffen wir auf einen geschotterten Forstfahrweg, dem wir nach rechts bergan folgen (an der Gabelung links 50 m zum erfrischenden **Bärenbrunnen** links unterhalb des Weges).

Bald ist der Rastplatz am **Roten Turm** erreicht, einem 4 m hohen, rot angestrichenen Baumstamm, an dem wappenartig Turm, Wildschwein und Bär prangen, darunter ein Schlüsselloch. Er steht hier – mehrfach erneuert, ursprünglich ein Baum bzw. dessen Stumpf – seit etwa 1650 an einem alten Jagdsammelplatz und war in der Glanzzeit der Rennerei, da man ihn vom Original-Rennsteig aus nicht sah, Gegenstand eines beliebten Streiches, den man den Jungrennern spielte: Diese wurden auf der Initiationsrunst vom Waldhaus Weidmannsheil mit einem 13pfündigen Schlüssel hierher geschickt, um den Turm aufzuschließen und von seiner Spitze die herrliche Aussicht zu genießen …

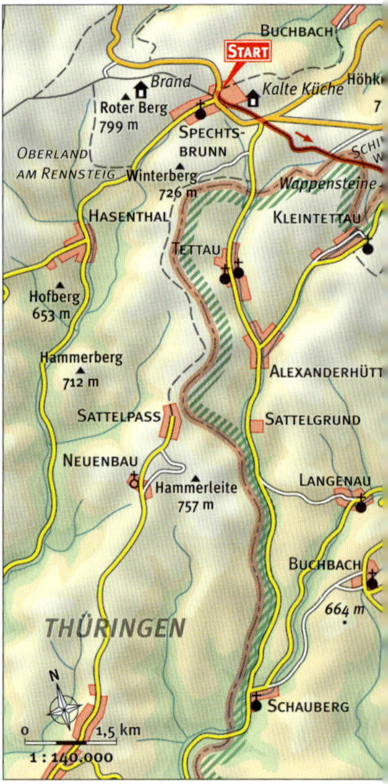

Der Rennsteig kreuzt das Sträßchen und biegt dann in der Linkskurve des geschotterten Forstweges vor der **Märchenwiese** rechts ab und erreicht durch eine kurze Ahornallee den einstigen Standort des **Waldhauses Weidmannsheil** (2.15 Std.; Schutzhütte). Die »Stammburg« des Rennsteigvereins, in der dieser zu Pfingsten 1896 gegründet wurde, war in den 1970er Jahren zum Hotel ausgebaut worden und brannte 1988 unter versicherungskriminalistisch relevanten Begleitumständen ab. Vor Erreichen der Infotafel stehen rechts zwei Gedenksteine für verdiente Mitglieder

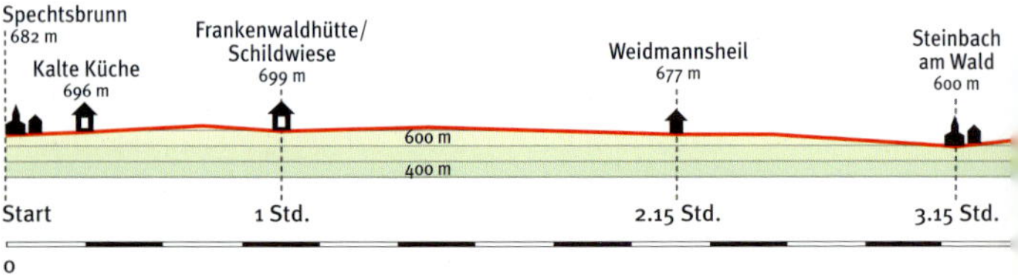

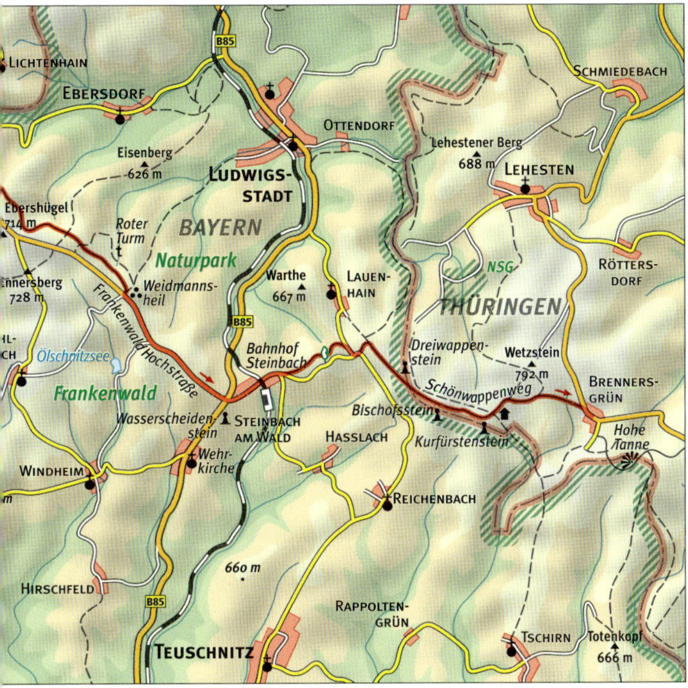

des Rennsteigvereins: Reinhold Jubelt war »Rennewart« (Hauptwanderwart) von 1906 bis 1932 und Verleger der Vereinspublikationen, Julius Kober »Fürsteher« von 1937 bis 1970 und sicherte nach dem Krieg das Fortbestehen des in der DDR verbotenen Rennsteigvereins in der BRD.

Der Rennsteig führt nun nach links zur Straße, die er kreuzt und auf dem Parallelweg begleitet. Beim Abstieg sehen wir drüben auf der Lauensteiner Höhe ein Windrad als Wegmarke für den vorausliegenden Rennsteigverlauf.

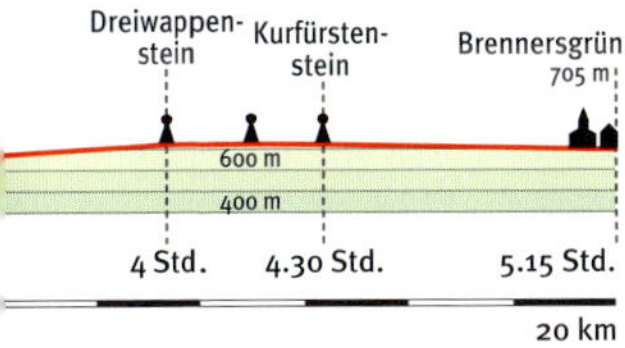

Schließlich erreichen wir den Verkehrskreisel und kreuzen die B 85 auf das vorausliegende Steinbach zu, wechseln dann aber gleich auf die linke Straßenseite, wo der **Wasserscheidenstein** (Elbe/Rhein) von 1850 (erneuert 1956) bei einer kleinen Anlage mit Sitzbänken steht. Diese Wasserscheide markiert nach Meinung der anderen Expertenfraktion die Grenze zwischen Thüringer Schiefergebirge und Frankenwald.

Der Rennsteig führt nun auf der Durchgangsstraße durch **Steinbach am Wald** (3.15 Std.). Wir bleiben weiter auf der linken Seite, denn dort treffen wir an der Brücke über die

Bahnlinie auf ein modernes Rennsteig-Denkmal: Ein 4 t schwerer Sandstein aus Franken zeigt im Relief einen reitenden Boten und einen Bamberger Bischof. Auf der anderen Brückenseite sind auf einem 8 t schweren Elbsandstein u. a. ein Handelsmann und ein Bote dargestellt sowie »Wandrer´s Nachtlied« von Goethe, das unweit des Rennsteigs entstand. Gemeinsam sollen beide Steine die über alle Grenzen verbindende Kraft – durch die Bahnlinie symbolisiert – des Rennsteigs versinnbildlichen.

Hinter der Brücke kreuzen wir die Durchgangsstraße und folgen der parallelen Ortsstraße. In der Kurve wechselt der Rennsteig am Fußgängerüberweg wieder auf die linke Seite, verläuft zunächst auf einem Parallelweg und steigt dann neben der überdachten Sitzgruppe durch den Wald hinauf an. Oben bei der Einmündung in die Straße erinnert eine Gedenktafel daran, dass Luther 1530 hier auf dem Weg nach Lehesten dem Rennsteig bis auf die vorausliegende Höhe folgte. Dieser ist heute mit der Straße identisch, die der Wanderweg nun auf einem Parallelpfad (halblinks) begleitet. So auch hinter der Straßenkreuzung, hinter der wir an der früheren »Ziegelhütte« vorbei zum Sattel an der **Lauenhainer Höhe** hinaufsteigen (3.45 Std.). Von der Gipfelhöhe beim Wasserbehälter bietet sich ein schöner Blick auf die Schieferhäuser von Lauenhain und nach rechts zu den Schieferbrüchen von Lehesten (Tour 18, s. S. 152).

Der Rennsteig biegt nun nach rechts in den Wald ab. Später gehen Sie an der Gabelung links hinauf und dann nach rechts parallel zum alten Grenzstreifen am Wald entlang weiter. Sie wandern nun auf dem **Schönwappenweg,** einem nur gut 1 km langen Abschnitt des Rennsteigs, auf dem sich gleich vier seiner bedeutendsten Wappensteine befinden.

Nach 150 m steht links der **Dreiwappenstein am Kießlich** von 1717 (4 Std.), Nr. 7 und damit letzter Dreiherrnstein unserer Rennsteigwanderung. Auf der Vorderseite prangt das Wappen des Bamberger Hochstifts (Fürstbischof von Schönborn), auf der Rückseite ein schönes Beispiel des sächsischen Rautenkranzes, das Wappen der dritten Seite ist leider abgeschlagen. Es zeigte ursprünglich (bis zum Zweiten Weltkrieg) den brandenburgischen Adler der Markgrafschaft Bayreuth, der uns schon auf der Schildwiese begegnet ist. Er wurde nach dem Krieg von amerikanischen oder russischen Soldaten abgeschlagen, die in ihm fälschlicherweise ein Symbol Preußens sahen (zu den Wappen s. S. 12). Das Runstritual sieht vor, dass die Jungrenner nach altem Volksbrauch an diesem Stein ihre Messer wetzen, um so »die Stärke dreier Herren« zu gewinnen. Dass dieser Brauch nicht ganz in Vergessenheit geraten ist, beweisen Wetzspuren auf der Oberseite des Steins.

200 m weiter steht ein **Grenzstein Bayern/Thüringen** von 1935 mit bayerischem und thüringischem Löwen, letzterer (Rückseite) trug einst ein Hakenkreuz in der erhobenen Pranke, das aber ausgemeißelt wurde. Nach weiteren 200 m – kurz bevor der Rennsteig den breiten Forstweg verlässt – folgt der **Kleine Bischofsstein** von 1651 mit Bamberger Löwen und sächsischem Wappen.

Wenige Meter danach führt der Rennsteig geradeaus als kleiner Pfad weiter. Nächstes Glanzlicht ist der rechts stehende **Große Bi-**

schofsstein von 1619, der vorne das sächsische und auf der Rückseite das Bamberger Wappen trägt (Fürstbischof von Aschhausen).

An der Wegekreuzung geht es noch geradeaus weiter, bald aber führt der Rennsteig nach links über den ehemaligen Grenzstreifen wieder nach Thüringen. Im Knick steht rechts der **Kurfürstenstein** von 1513 (4.30 Std.), der älteste Wappengrenzstein im deutschen Sprachraum! Die Vorderseite zeigt das kursächsische Doppelwappen, nämlich die gekreuzten Schwerter Kursachsens sowie den Rautenkranz des Stammhauses Wettin. Die Rückseite zeigt das Wappen des Bamberger Bischofs mit dem nach links gewandten Löwen. Die Jungrenner erhalten hier auf der Pfingstrunst den »Ritterschlag«, dann legen alle die rechte Hand auf den Kurfürstenstein – und stimmen den Runstgesang an.

Auf Thüringischer Seite erreichen wir den Rastplatz an der **Schutzhütte Zum Kurfürstenstein.** Die Infotafel präsentiert einen schönen Überblick über die historischen Grenzsteine am Schönwappenweg.

Wir folgen nun dem Rennsteig in den Wald. An der Gabelung gehen Sie rechts, treffen unten auf den früheren Grenzerweg und folgen ihm nach rechts. Oben in der Kurve hinter der Waldwiese (Rastplatz, Schutzhütte) zweigt der Rennsteig halbrechts wieder in den Wald ab – an dessen Ausgang die schiefergrauen Häuser von **Brennersgrün** (5.15 Std.) vor Ihnen liegen.

Das Waldhaus Weidmannsheil und das Mareile

Das Waldhaus Weidmannsheil des königlich-bayerischen Försters Sau-

Die fesche Försterstochter Maria Sauer vom Waldhaus Weidmannsheil, genannt Mareile.

er und seiner Frau, ein Forsthaus mit kleinem Ausschank und Gästezimmern, war seit 1886 ein beliebter Ausgangspunkt für Touren ins östliche Rennsteiggebiet, als die Bahnlinie Berlin–München nur 3 km entfernt vorbeigeführt wurde und Erholung suchende Städter die Gegend zu entdecken begannen. 1890 folgten die ersten Enthusiasten den Spuren Trinii auf dem Rennsteig, der im Vorjahr den »heiligen Höhenweg Thüringens« erkundet hatte (s. S. 46). In seinem »epochalen« Rennsteigbuch hatte er die damals 18-jährige Försterstochter erstmals verewigt, allerdings noch ohne ihren Namen zu nennen: »Drüben an dem anderen Tische saß das Töchterlein, eine untersetzte, fast üppige Blondine, mit blitzenden, lang bewimperten Augen, Grübchen in den Wangen und in den kleinen festen Händen. Zuweilen schlug sie ein paar Töne auf der vor ihr ruhenden Zither an« und unterhielt sich »allerliebst zwitschernd« mit der neben ihr sitzenden Freundin.

Bald hatten die Renner die fesche Försterstochter Maria (1871–1960) in ihr Herz geschlossen, die seit frühester Kindheit Mareile gerufen wurde. Ihr zu Ehren und auf Initiative von Alfred Roßner tauften sie 1892 die weißen »R«s der Rennsteigmarkierung »Mareile«.

Das war der Auftakt für einen regelrechten Mareile-Kult in der Rennergemeinde: Auch die Vereinszeitschrift des am Pfingstsonntag 1896 hier im Waldhaus von Ludwig Hertel gegründeten Rennsteigvereins wurde »Mareile« genannt, Gedichte wurden veröffentlicht wie: »Ein duftig Blümerl blüht auf Weidmannsheil, labt Körper und Gemüt und heißt Mareil« usw., ein Kult, der mit der Person bald schon nichts mehr zu tun hatte und sich zu einem Vereinsmythos in typischer Kaiser-Wilhelm-Zeit-Manier verselbständigte. Das Mareile heiratete nämlich schon 1891 und zog nach München.

Die Verbindung zum Rennsteig und seinen Wanderern riss aber insofern nicht ab, als das Mareile die Sommerferien stets im Elternhaus verbrachte. Eins nach dem anderen kamen ihre vier Kinder dazu, in deren Kreis die frühen Renner »ihr« Mareile im ersten Jahrzehnt der Rennsteigbewegung allsommerlich erlebten.

Diese nahm die Ehre ihrer Verewigung auf dem Rennsteig übrigens mit dem ihr eigenen Humor hin, war sogar stilles Mitglied des Vereins, ohne sich jedoch im Geringsten von dem seltsamen Mareile-Kult vereinnahmen zu lassen. Ihre Enkel erfuhren beispielsweise erst sehr spät von der »Berühmtheit« ihrer Oma, die 1937 als 66jährige Witwe von München nach Sulzbach am Main bei Aschaffenburg zog, wo sie in der Familie ihrer Tochter lebte und 1960, drei Wochen vor ihrem 89. Geburtstag, starb.

Rennsteig ade

8. Tag: Von Brennersgrün nach Blankenstein

Ein letztes Mal stimmen Sie heute Ihren morgendlichen Runstgesang an, ein bißchen wehmütig vielleicht, weil sich die Tage frohen Wanderns ihrem Ende zuneigen. Wenn Sie vor Schlegel endgültig den Wald hinter sich lassen und ins Saaletal blicken, wandern die Gedanken noch einmal zurück über die Höhen zur Werra, wo Sie vor langer, langer Zeit, wie es scheint, einen Kieselstein aufgehoben haben ...

Dauer: 5 Std.

Länge: 20 km

Charakter: Einfach: Ein kurzer Anstieg liegt noch vor Ihnen, dann geht es bald nur noch bergab...

Einkehrmöglichkeiten: Rodacherbrunn, Schlegel, Blankenstein

Übernachtung: Auskünfte im Fremdenverkehrsbüro Blankenstein, Tel. 03 66 42/258 71

Der Rennsteig führt auf der Straße durch **Brennersgrün** und biegt hinter dem **Friedhof** halblinks auf den durch den Wald ansteigenden Weg ab. Der an der Rennsteighistorie Interessierte findet in der linken hinteren Ecke des Friedhofs den Gedenkstein für Forstwart Eduard Birnstiel (1858–1894). Dieser hatte 1893 dem Rennsteigvereinsgründer Ludwig Hertel in der hiesigen Gegend als Führer gedient, um den unklaren Verlauf des »geheimnisvollen Weges« festzulegen, für den er sich dann selbst begeisterte, ihn freihieb und markierte. Im folgenden Jahr wurde Birnstiel von Wilddieben ermordet, einem Schieferarbeiter und dessen 14jährigem Sohn.

Die ehemaligen Grenzanlagen werden ein weiteres Mal überquert, dahinter führt der Rennsteig links bergab, immer geradeaus. Unten am Wegestern beginnt halblinks der kurze Anstieg auf die **Hohe Tanne** (30 Min.). Oben wendet sich der Rennsteig nach links und überquert noch einmal die ehemalige deutsch-deutsche Grenze. Dahinter zieht er als hohlwegartiger Pfad durch das Grün von Farn, Gras und Heidelbeersträuchern abwärts, bis am Waldrand **Grumbach** schiefergrau auf weiter Lichtung vor Ihnen liegt.

Der Rennsteig führt links am Wald entlang, kreuzt die Straße und führt am Kompostplatz vorbei weiter am Waldrand, da er den Ort umgeht. Nach 250 m zieht er dann rechts durch die Wiesen- und Feldflur hinüber zum Wald, kreuzt die Landstraße und taucht wieder in den Wald ein.

Schnurgerade geht es nun gut 2,5 km nach **Rodacherbrunn** (1.30 Std.), einem verschlafenen Weiler, dessen größte Stunde schlug, als Napoleon 1806 mit 150 000 Mann hier das Gebirge gen Jena und Auerstädt querte und im damaligen Gasthaus übernachtete.

Der Rennsteig folgt der Straße nach links aus dem Ort zum Wald (Schutzhütte), wo er erst links und dann bald rechts auf dem Parallelweg verläuft. Er entfernt sich schließlich etwas von der Straße und trifft bald auf einen Forstfahrweg, dem Sie nun nach rechts folgen. An der Wegekreuzung mit überdachter Sitzgruppe gehen Sie geradeaus, so auch an den nächsten Abzweigen. An der Mehrfachverzweigung hält sich der Rennsteig leicht halbrechts,

Manches Mal der Wandrer Frust: Radler auf dem Rennsteig

benutzt dann gleich links den Parallelweg, der schließlich doch wieder auf die Forststraße einmündet.

Am Wegestern bei der Schutzhütte Am Kulmberg gehen wir rechts. Linker Hand liegen die Halden des Basalt-Abbaus am **Lobensteiner Kulm.** Hinter dem umzäunten Areal gehen wir links. Bei der Schutzhütte Am Pferdeweg biegt der Rennsteig dann halblinks ab und steigt an der Flanke des Kulm durch den Buchenwald an. **Achtung:** Am Ende des etwas steileren Anstiegs zweigt der Rennsteig nach rechts über den Wiesensattel ab, führt dahinter durchs Wäldchen, kreuzt die Straße und zieht am Waldrand entlang.

Bei der überdachten Sitzgruppe können wir erstmals das Abschlussbild unserer Wanderung betrachten – breit hingelagerte Hügelwellen, dahinter der Einschnitt des Saaletals, aus dem als Zielmarke der ho-

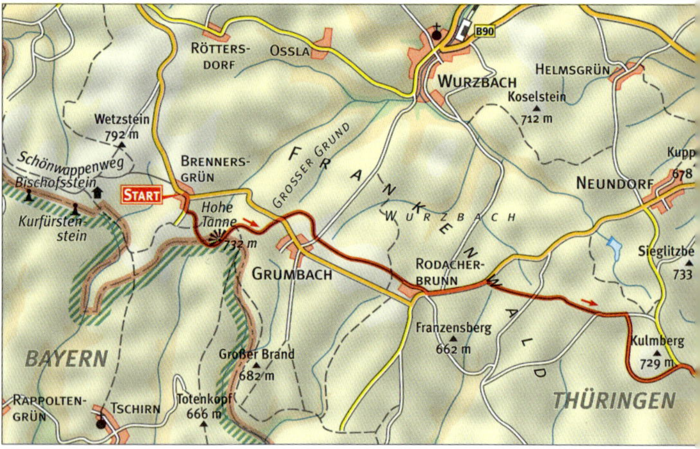

he Schornstein der Blankensteiner Zellstofffabrik aufragt – bevor wir nach **Schlegel** (3.30 Std.) hinabsteigen.

Der Rennsteig führt nach links auf der Hauptstraße in den Ort und biegt dort gleich rechts ab Richtung Seibis. Ein Stück hinter dem Gasthaus Am Rennsteig biegt dieser links ab und zieht am Sportplatz vorbei aus dem Ort.

Auf der Höhe erreichen wir die Straße (Original-Rennsteig), neben der unser Wanderpfad nun bis Blankenstein verläuft. An der **Ausspanne am Wiesenbühl** (4 Std.) finden Sie links am Park- und Rastplatz einen Bahnfahrplan aushängen, wir wandern aber rechts der Straße weiter und erreichen bald **Kießling** (4.30 Std.). Der Rennsteig folgt der Durchgangsstraße im Rechtsbogen durch den kleinen Ort, dahinter verläuft der Parallelweg links der Straße.

Vor den Gehöften von **Absang** zweigt der Rennsteig allerdings rechts auf einen Feldweg ab, trifft aber bald wieder auf die Straße, von der er wenig später bei den drei **Rennsteig-Eichen** abbiegt und nun steil hinunter zum Bahnhof von **Blankenstein** führt. Unmittelbar an der Straßeneinmündung steht links das **Denkmal des Rennsteigwanderers** von 1903.

Aber noch ist das Rennsteigende ja nicht ganz erreicht. Gehen Sie nach links am Bahnhof vorbei und hinter dem Bahnübergang rechts den Fußgängerweg hinunter. Unten

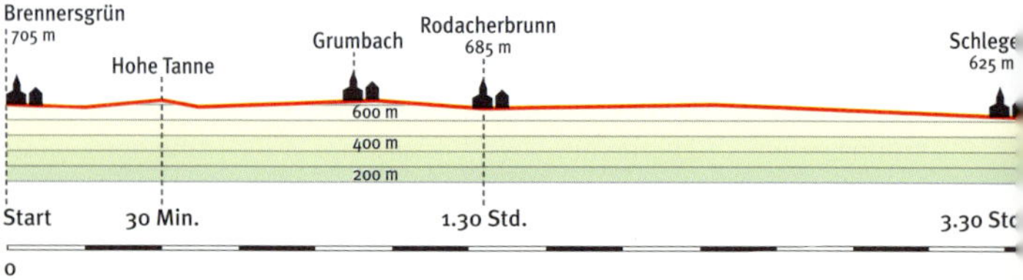

überqueren Sie die Straße, gehen die Stufen hinab und dann nach rechts am Supermarktparkplatz vorbei zur **Holzbrücke** über die Selbitz, die das **Ende des Rennsteigs** markiert (5 Std.). Sie haben das Ziel Ihrer Wanderung über das Thüringer Waldgebirge erreicht – und werfen vielleicht etwas wehmütig jenen Kiesel in den Fluss, den Sie vor acht Tagen in Hörschel am Werra-Ufer aufgehoben haben ...

Die Selbitz mündet übrigens kurz unterhalb in die Saale und war bis 1990 deutsch-deutscher Grenzfluss. Auf der früheren BRD-Seite stehen eine Tafel und ein Gedenkstein, die während der Jahre der Teilung die Erinnerung an den Rennsteig wachhielten. Bei den Sitzbänken vor der Brücke steht der Zwillingsbruder des Hörscheler **Gedenksteins für Julius von Plänckner.**

Von Blankenstein durchs Höllental zur Bahnstrecke nach Hof (6 km)

Wer die Heimreise nach Süden antreten will und noch etwas Kraft in den Beinen hat, erreicht in einer schönen 6-km-Wanderung den Bahnhof Höllental, bei gutem Wetter sicher die elegantere Lösung, als auf den Bus nach Bad Steben zu warten.

Gehen Sie vom Rennsteigende zurück zum **Bahnhof Blankenstein** und an diesem geradeaus vorbei. Dahinter kann man auf dem als Fußweg ausgebauten Bahndamm der ehemaligen Strecke – die durch die deutsche Teilung unterbrochen wurde – nach **Lichtenberg** in Bayern marschieren.

Hinter dem dortigen Bahnhof gehen Sie noch ein kurzes Stück weiter in Richtung Süden, wo das **Höllental** beginnt und der Fußweg nun parallel zum Bahndamm verläuft. Schließlich erreichen Sie den Ort **Hölle** und biegen dort auf der Hauptstraße rechts ab Richtung Bad Steben. An der Straßenkreuzung gehen Sie links, nun ist der Weg zum **Haltepunkt Höllental** an der Bahnstrecke nach Hof zu erkennen.

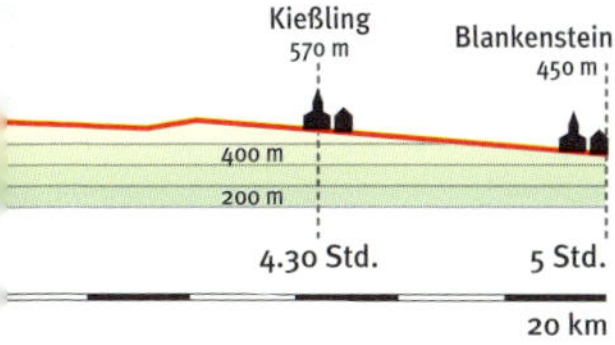

Tour 2

Der Rennsteig von Ost nach West

In 8 Tagen von Blankenstein nach Hörschel

Bei der Ost-West-Richtung der Rennsteigwanderung geht es zunächst ziemlich steil aus dem Saaletal bergan, dann hat man aber schon bald eine vorläufige »Reisehöhe« von etwa 700 m erreicht und kann ohne allzu viel Auf und Ab über die Ausläufer des Frankenwaldes ins Thüringer Schiefergebirge wandern.

Länge: 168 km

Dauer: 8 Tage; 45 Std. reine Gehzeit

Markierung: Weißes »R«

Karten: Thüringer Landesvermessungsamt 1:50000, topographische Karte in 5 Blättern mit kurzer Wegbeschreibung und Informationen

Übernachtung: Wer am Vorabend der Tour in Blankenstein übernachten will: Fremdenverkehrsbüro, Tel. 03 66 42/258 71

Hinweise: Weitere Informationen finden Sie im Vorspann zur Rennsteigwanderung in West-Ost-Richtung, S. 16

Etappen

1. **Tag:** Blankenstein–Brennersgrün (5.30 Std.; 20 km)
2. **Tag:** Brennersgrün–Spechtsbrunn (5.15 Std.; 20 km)
3. **Tag:** Spechtsbrunn–Friedrichshöhe (6.30 Std.; 24 km)
4. **Tag:** Friedrichshöhe–Neustadt (4.15 Std.; 17 km)
5. **Tag:** Neustadt–Schmücke (5 Std.; 18 km)
6. **Tag:** Schmücke–Ebertswiese (7 Std.; 27 km)
7. **Tag:** Ebertswiese–Ascherbrück (6.30 Std.; 25 km)
8. **Tag:** Ascherbrück–Hörschel (5 Std.; 19 km)

Rennsteigrast beim Donnershauk

Vom Saalestrand ins Schieferland

1. Tag: Von Blankenstein nach Brennersgrün

Am ersten Tag erarbeiten wir uns die vorläufige Reisehöhe von rund 700 m, auf der wir in den nächsten Tagen marschieren werden.

Dauer: 5.30 Std.

Länge: 20 km

Charakter: Mittelschwer; zunächst steil, dann sachter bergan; die zweite Hälfte der Etappe eher eben

Einkehrmöglichkeiten: Schlegel, Rodacherbrunn, Brennersgrün

Übernachtung: Auskünfte bei der Stadtverwaltung Lehesten, Tel.: 03 66 53/22 381

Der Rennsteig-Beginn liegt in **Blankenstein** unterhalb des Bahnhofs an der Selbitz: Gehen Sie vom **Bahnhof** vor zum Bahnübergang und dahinter rechts den Fußgängerweg hinunter. Unten überqueren Sie die Straße, gehen die Stufen hinab und dann nach rechts am Supermarktparkplatz vorbei zur **Holzbrücke über die Selbitz** (415 m), deren Ufer den östlichen Beginn des Rennsteigs markiert.

Die Selbitz mündet kurz unterhalb des Stegs in die Saale und war bis 1990 deutsch-deutscher Grenzfluss. Auf der früheren BRD-Seite stehen eine Tafel und ein Gedenkstein, die während der Jahre der Teilung die Erinnerung an den Rennsteig wachhielten. Auf der thüringischen Seite können Sie hinter der Brücke links zum Selbitzufer hinunter gehen und in alter Tradition einen Kiesel aufnehmen, um ihn übers Gebirge zu tragen und in Hörschel wieder dem feuchten Element zu übergeben...

Rechts der Brücke steht bei den Bänken ein **Gedenkstein für Julius von Plänckner**, der 1829 die erste durchgehende Rennsteigwanderung unternahm (s. S. 22).

Kehren Sie nun zum Bahnhof zurück. Rechts gegenüber steht das Denkmal des Rennsteigwanderers von 1903, wo der Rennsteig (Markierung »R«) die steile Straße hinauf seine Bahn über das Thüringer Gebirge beginnt und über dem Ort bei den drei **Rennsteig-Eichen** die Landstraße erreicht, der Sie nach rechts folgen.

Nach gut 100 m biegt der Rennsteig links auf einen Feldweg ab, trifft ab schon hinter der Handvoll Häuser von **Absang** wieder auf die Straße, die für die nächsten 5 km auf seiner Original-Route verläuft. Für die Wanderer ist ein Parallelpfad angelegt, der zunächst rechts der Straße nach **Kießling** (1 Std.) führt.

Der Rennsteig führt im Linksbogen durch den Ort, dahinter verläuft der Wanderpfad links der Straße über die **Ausspanne am Wiesenbühl** bis zur Höhe vor **Schlegel,** wo der

»Lumpensammler« auf dem Rennsteig

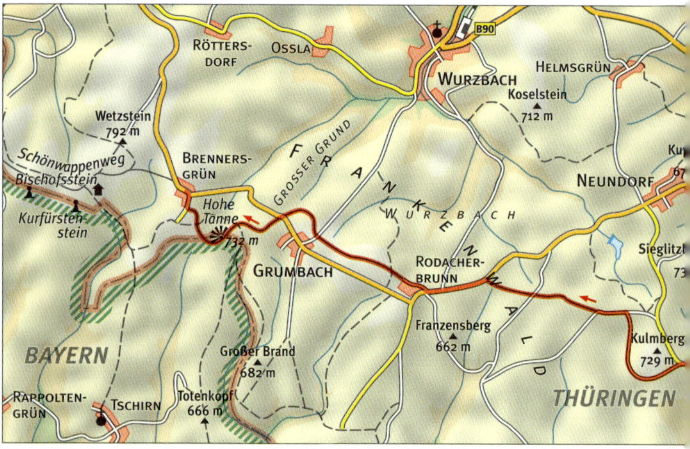

Weg halblinks abzweigend durch die Wiesen hinab in den Ort führt (2 Std.).

Dort gehen wir nach rechts, am Gasthaus Am Rennsteig vorbei wieder zur altbekannten Straße und folgen ihr nach links. Kurz vor dem Ortsende zweigt dann der Wanderweg rechts ab und führt hinauf zum Wald. An dessen Rand entlang wandern wir nun nach links, kreuzen noch einmal die Straße und dann hinter dem Wäldchen die Wiese in den Wald am **Lobensteiner Kulm.** An dessen Flanke zieht der Rennsteig nun nach links hinab, trifft unten bei der Schutzhütte auf einen Forstfahrweg und folgt diesem nach rechts. Am Ende des umzäunten Areals gehen wir rechts, am Wegestern bei der Schutzhütte Am Kulmberg links. Zwar biegt der Rennsteig einmal für wenige hundert Meter rechts auf einen Parallelpfad ab, kehrt aber kurz vor dem Wegestern wieder auf die Forststraße zurück, auf der es nun immer geradeaus weitergeht.

Kurz vor Erreichen der Landstraße biegt der Rennsteig halblinks ab, begleitet dann die Straße auf einem Parallelweg, wechselt später auf die rechte Seite und erreicht bald **Rodacherbrunn** (4 Std.).

In der Linkskurve am Ortseingang zweigt der Rennsteig wieder von der Straße ab und führt schnurgerade durch den Wald. An dessen Ausgang kreuzt er die Landstraße kurz vor Grumbach und zieht durch die Wiesen zum gegenüber liegenden Wald, an dessen Rand er dann nach links verläuft.

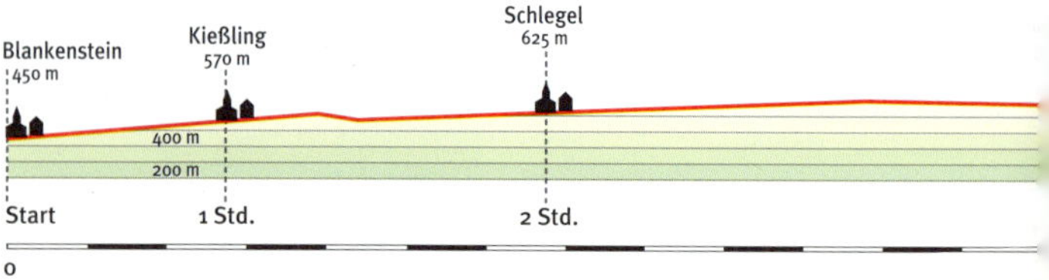

Wir kreuzen die Straße, wandern weiter am Rand des Waldes entlang, durch den der Rennsteig dann auf hohlwegartigem Pfad zur **Hohen Tanne** (5 Std.) ansteigt, deren Gipfel wir nach Überqueren der ehemaligen deutsch-deutschen Grenze erreichen. Hier wendet sich der Rennsteig am Wegedreieck rechts bergab.

Unten am Wegestern folgen Sie halbrechts dem Forstfahrweg und halten sich an Abzweigen geradeaus. Auf der Höhe biegt der Rennsteig wieder nach rechts über den Grenzstreifen ab und nach kurzem Abstieg sehen Sie die schiefergrauen Häuser von **Brennersgrün** (5.30 Std.) vor sich liegen (auf dem Friedhof am Ortseingang Gedenkstein für Forstwart Eduard Birnstiel, s. S. 58).

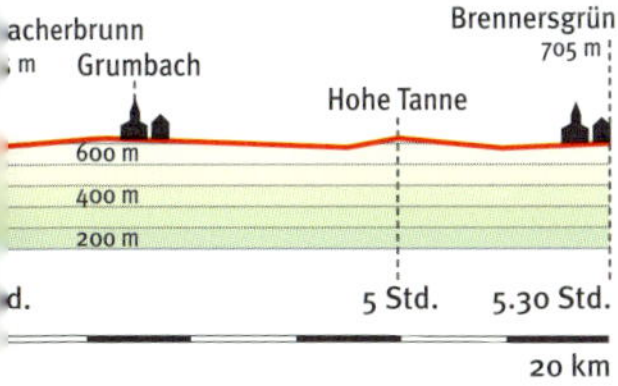

Schöne Wappen im Frankenwald

2. Tag: Von Brennersgrün nach Spechtsbrunn

Der »Thüringer Höhenpfad« zieht auf der heutigen Etappe für 15 km durch einen nördlichen Zipfel Bayerns, das einzige Rennsteigstück, das bis 1990 in der BRD begehbar war.

Dauer: 5.15 Std.

Länge: 20 km

Charakter: Eher leichte Tour ohne längere Anstiege

Einkehrmöglichkeiten: Steinbach, Frankenwaldhütte an der Schildwiese (April–Okt. wochenends ab 14 Uhr bewirtschaftet), Kalte Küche, Spechtsbrunn

Übernachtung: Auskünfte bei der Gemeindeverwaltung Spechtsbrunn, Tel. 03 67 62/891 00; Ferienwohnungen Fam. Lochschmidt, Tel. 03 67 03/802 26

Der Rennsteig führt auf der Durchgangsstraße durch **Brennersgrün** und zweigt in der Rechtskurve am Ortsausgang geradeaus in den Wald ab. An der Waldwiese mit Rastplatz und Schutzhütte treffen wir auf den ehemaligen Grenzerweg und folgen ihm nach links in die Senke, wo der Rennsteig halblinks wieder abbiegt.

Oben folgen Sie dem Linksbogen des Rennsteigs, der beim Rastplatz an der Schutzhütte Zum Kurfürstenstein ein weiteres Mal den alten Grenzstreifen kreuzt – um für die nächsten 14 km auf bayerischem Boden zu verlaufen.

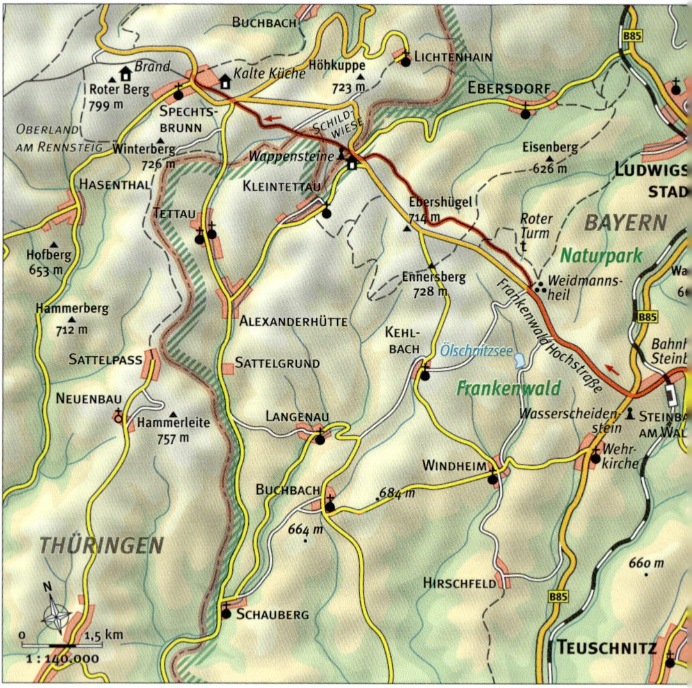

Drüben steht im Rechtsknick der **Kurfürstenstein** von 1513 (45 Min.), der älteste Wappengrenzstein im deutschen Sprachraum (s. S. 12 und 57). Hier beginnt der sogenannte **Schönwappenweg,** auf dem auf kurzer Strecke besonders prächtige Wappengrenzsteine am Rennsteig stehen. Der nächste dieser Gesellen ist der – bald hinter der Wegekreuzung – links stehende **Große Bischofsstein** von 1619 (Sachsen/Bamberg). Nachdem der Rennsteig auf einen breiteren Weg trifft, steht rechts der **Kleine Bischofsstein** von 1651 (Sachsen/Bamberg) und 200 m weiter ein **Grenzstein Bayern/Thüringen** von 1935, den Nachfolgern der alten Herren. Nach weiteren 200 m erreichen wir den schönen **Dreiwappenstein am Kießlich** (1.10 Std.) von 1717 (Sachsen/Bamberg/Bayreuth), den ersten der sieben heute noch erhaltenen Dreiherrn-

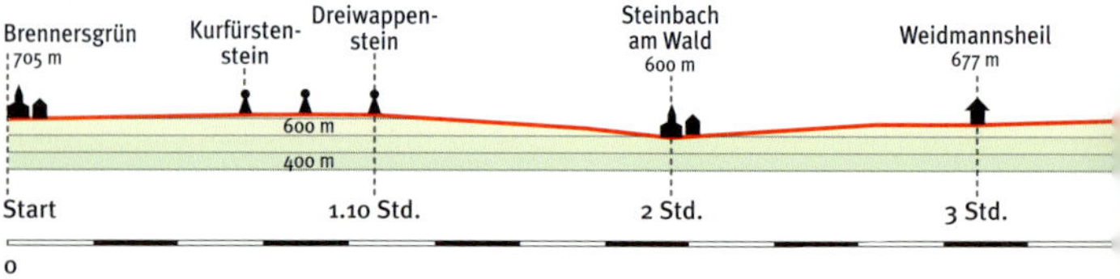

steine am Rennsteig (s. S. 13).

Dieser biegt bald halblinks in den Wald hinein ab, dessen Rand er beim Rastplatz vor der **Lauenhainer Höhe** (1.30 Std) erreicht. Von dort (beim Wasserbehälter) hat man einen schönen Blick auf die Schieferhäuser von Lauenhain und die rechts liegenden Schieferbrüche von Lehesten (s. Tour 18, S. 152).

Der Rennsteig aber führt nach links neben der Straße hinab, an der ehemaligen Ziegelhütte vorbei und unten hinter der Kreuzung weiter geradeaus auf dem Parallelpfad rechts der Straße nach **Steinbach am Wald** (2 Std.).

Am Ortseingang kreuzen wir am Fußgängerüberweg zunächst die Durchgangsstraße (Original-Rennsteig), wechseln dann vor der Brücke über die Bahnlinie aber wieder auf die rechte Seite zu einem modernen Rennsteig-Denkmal besonderer Art: Ein 8 t schwerer Elbsandstein zeigt im Relief u.a. Handelsmann und Boten sowie »Wandrer´s Nachtlied« von Goethe, das unweit des Rennsteigs entstand. Auf der anderen Seite der Brücke ist auf einem 4 t schweren fränkischen Sandstein ein reitender Bote und ein Bamberger Bischof dargestellt. Gemeinsam sollen beide Steine die über alle Grenzen verbindende Kraft – durch die Bahnlinie symbolisiert – des Rennsteigs versinnbildlichen.

Oben am Ortsausgang steht rechts der Straße der **Wasserscheidenstein** (Elbe/Rhein) von 1850 (erneuert 1956), der nach Meinung der einen Expertenfraktion die Grenze von Frankenwald und Thüringer Schiefergebirge markiert.

Wir queren nun zur anderen Straßenseite, kreuzen am Verkehrskreisel die B 85 und wandern auf dem Parallelweg links der Landstraße bergan.

Nach etwa 2 km kreuzt der Rennsteig die Straße und führt oberhalb der **Märchenwiese** zum einstigen Standort der ›Stammburg‹ des Rennsteigvereins, der hier zu Pfingsten 1896 gegründet wurde (s. S. 57). Das **Waldhaus Weidmannsheil** (3 Std.) brannte 1988 ab.

Wer partout dem »Original«-Rennsteig folgen möchte, könnte dies in Fortsetzung des bisherigen

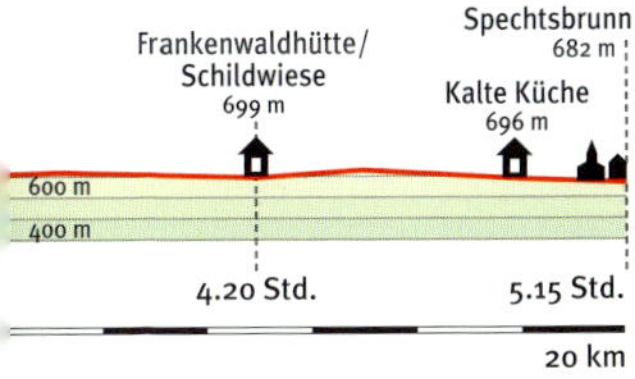

Parallelweges neben der Landstraße tun. Empfohlen sei aber der Ersatzwanderweg, der – gleichfalls mit »R« markiert – vor der Schutzhütte halbrechts durch die kurze Ahornallee führt (links zwei Gedenksteine für verdiente Altrenner) und dahinter dem geschotterten Forstweg nach links zum Rastplatz am **Roten Turm** (s. S. 54) folgt.

Wir folgen dem Forstfahrweg bergab (unterwegs am Abzweig rechts 50 m zum erfrischenden **Bärenbrunnen** links unterhalb des Weges), in dessen Rechtskurve unten der Wanderweg geradeaus abzweigt.

Wir wandern nun auf modrigem Grund, bis der Weg dicht unterhalb der Landstraße einen Forstfahrweg kreuzt und einen langgestreckten Parkplatz (überdachte Sitzgruppe) erreicht, an dessen anderem Ende er dann wieder in den Wald eintaucht.

An der Wegespinne gehen Sie geradeaus und dann am Rande der Freifläche hinab. Später im Wald dann **Achtung** an der Kreuzung, wo der Rennsteig auf den rechten, etwas bergab führenden Hohlweg abzweigt.

Unten folgen Sie kurz dem Forstfahrweg, in dessen Rechtskurve der Rennsteig wieder geradeaus abzweigt. **Achtung** dann hinter dem Fichtenjungwald: Der Weg führt halbrechts durch den Fichtenhochwald, kreuzt bald einen Forstweg und macht unten einen scharfen Rechts-Links-Knick.

Unten in der Kurve liegt der **Wollersbrunnen** (4 Std.; Rastplatz), dann wandern wir bald über eine malerische Waldwiese (bei Weidebetrieb auf Umgehungsbeschilderung achten) und erreichen schließlich die Landstraße, die wir zur **Frankenwaldhütte** an der **Schildwiese** (4.20 Std.) kreuzen.

Der Name rührt wohl von den Wappenschilden der hier von alters her aneinandergrenzenden Herrschaften her, ist aber älter als der größere der beiden Grenzsteine links des Rennsteigs. Diesem folgen wir kurz nach rechts entlang der Straße, bevor er halblinks auf den Asphaltweg der einstigen DDR-Grenztruppen abzweigt.

Dieser Wappen-Grenzstein von 1725 präsentiert die sächsische Raute sowie eine prächtigen Ausgabe des brandenburgischen Adlers, des Wappens der Markgrafschaft Bayreuth (s. S. 53). Seit 1920 markiert er auch die bayerisch-thüringische (1946–1990 auch die innerdeutsche) Grenze, sein ursprünglicher Standort war bis ca. 1996 ein Stück voraus, rechts des hier von der Straße abzweigenden Rennsteigs.

Wir betreten nun endgültig Thüringer Boden – sowie das Thüringer Schiefergebirge, dessen Grenze zum Frankenwald nach anderer Expertenmeinung erst hier anzusiedeln ist. Oben in der Rechtskurve führt der Rennsteig geradeaus über die Schneise der einstigen Grenzanlagen, geradeaus dann auch an der Gabelung im Wald.

An den **Schleifenwiesen** (Rastplatz) kreuzen wir wieder die Grenzschneise und folgen geradeaus dem asphaltierten Fahrweg der früheren Grenztruppen zur **Kalten Küche** (5 Std.; Gasthaus, Imbiss), einem alten Straßenpass (s. S. 52), der heute ein wahrer Verkehrsknotenpunkt ist. Der Rennsteig kreuzt die Straße zum Imbiss und dann rechts oben die Straße nach Neuhaus, um dann über eine flache Kuppe ins nahe **Spechtsbrunn** (5.15 Std.) zu führen.

Altes Industrierevier am Rennsteig

3. Tag: Von Spechtsbrunn über Neuhaus nach Friedrichshöhe

Die größte Stadt auf dem Rennsteig steht heute auf dem Programm, dahinter zeigt Thüringens Höhenpfad mehr und mehr sein Gesicht als Kamm- und Grenzweg, der von Galerien barocker Wappengrenzsteinen begleitet wird.

Dauer: 6.30 Std.

Länge: 24 km

Charakter: Aufgrund der Länge und dreier Anstiege anspruchsvoll, ansonsten eher einfach

Einkehrmöglichkeiten: Ernstthal, Neuhaus, Rennsteigbaude Bernhardsthal, Limbach, Friedrichshöhe

Übernachtung: **Information beim** Verband Naturpark, Tel. 03 67 04/806 70

In **Spechtsbrunn** folgen Sie vom Gasthaus Am Rennsteig kurz der rechts abzweigenden Straße, von der der Rennsteig dann gleich links abbiegt und steil bergan aus dem Ort führt. Über den Wiesenplan ansteigend erreichen wir den Wald, gehen am Wegestern halbrechts und kreuzen bald die Stromleitungstrasse. Unten trifft der Rennsteig dann auf die **Geißlerswiese,** an deren Rand wir nach links wandern. Auf der Zufahrt zum Berggasthof Brand gehen wir kurz rechts hinab, wo der Rennsteig gleich links auf den **Hohen Schuss** ansteigt (1.15 Std.; s. S. 51).

Als schöner Kammweg zieht der Rennsteig dann auf der bewaldeten Höhe dahin und kreuzt schließlich einen Forstfahrweg. Vor dem kurzen Anstieg folgen wir aber erst dem nach links abzweigenden Pfad zum nahen Rastplatz an der **Triniusbank,** von wo Sie die herrliche Aussicht über einen Großteil der zurückgelegten Wegstrecke genießen können. Sie befinden sich hier auf der Abraumhalde eines ehemaligen Schieferbruchs, wie kleine, längliche Schieferstücke zeigen (s. S. 148).

Nach kurzem Anstieg Richtung Ehrenmal erreicht der Rennsteig erneut die Kammhöhe und zieht schnurgerade zum Forstort **Laubeshütte** (1.45 Std.), wo im 17. Jh. ein Jagdhaus stand – und heute eine Wanderschutzhütte. Hier in dieser Gegend wurde auch 1890 die »R«-Markierung des Rennsteigs »Mareile« getauft (s. S. 38).

Bei der Hütte knickt der Rennsteig nach halbrechts ab und führt als uriger Wurzelweg hinab zum **Ehrenmal des Thüringer Wintersportverbandes** (2 Std.) für seine im Ersten Weltkrieg gefallenen Mitglieder (vor der Landstraße links). Hier lag das östliche Ende des DDR-Rennsteigs, die Strecke ab dem Brand lag im Sperrgebiet, die Strecke davor zu nah der Grenze oder auf BRD-Gebiet.

Wir kreuzen die Straße und folgen noch kurz dem breiten Forstfahrweg, bis der Rennsteig rechts abzweigt. Unterwegs einen Schotterweg nach rechts versetzt kreuzend, erreichen wir den Waldrand oberhalb von Ernstthal, wo der Rennsteig auf einem Wiesenpfad zu einem geschotterten Weg hinabsteigt, dem wir nach links folgen.

Vorne dann biegt der Rennsteig vor dem Wäldchen rechts ab, führt kurz an dessen Rand entlang und durch dieses hindurch in den Ortsteil **Bahnhof Ernstthal** (2.30 Std.).

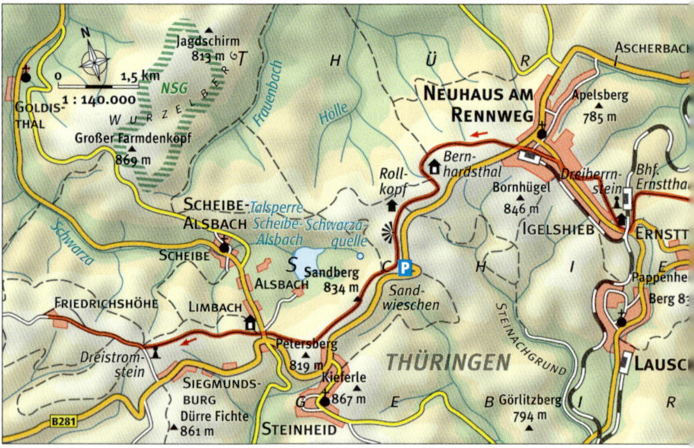

Hinter dem ehemaligen Betriebsgelände treffen wir auf eine Vorfahrtsstraße und folgen ihr geradeaus aus dem Ort bis zum Bahnübergang, den wir queren, dahinter rechts und dann bald links hinauf. An der Waldecke (Schutzhütte) steht der stark verwitterte **Dreiherrnstein auf der Hohen Laach** von 1548.

Der Rennsteig folgt nun dem Waldrand bergan, wieder einmal begleitet von einer Galerie barocker Grenzsteine. Oben an der Waldecke gehen wir links (der Original-Rennsteig ist bis zur Ortsmitte unbegehbar) nach **Igelshieb** (3 Std.), wo wir der Durchgangsstraße nach rechts folgen. Auf der linken Straßenseite fällt das Haus Nr. 106 (Heimatgeschichtliches Kabinett) durch seine putzige Schieferverkleidung auf. Hier wurde Heinrich Geißler geboren, der »Vater der Leuchtstoffröhre« (s. S. 52).

Übergangslos schließt der Ortsteil an die Kernstadt von **Neuhaus** (3.15 Std.) an. In der Linkskurve der Vorfahrtsstraße folgen Sie der Sonnebergerstraße geradeaus weiter und gehen dann vorne am Reise- und Pressezentrum links hinauf. Oben biegen wir nach rechts in die Bahnhofstraße und folgen ihr an den recht geschmackvoll restaurierten ehemaligen Plattenbauten vorbei.

An der großen Kreuzung überqueren Sie an der Ampelanlage die Durchgangsstraße nach halblinks hinüber und biegen dann rechts in die Straße Am Rennweg ein.

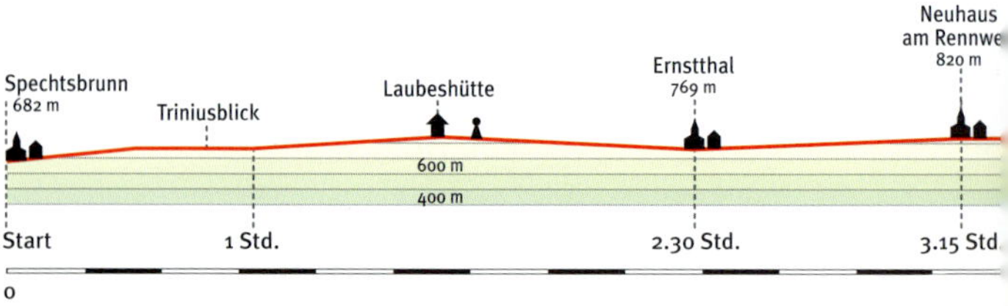

Nun marschieren wir immer am Rande des Gewerbegebiets entlang aus dem Ort, hinter dem der Rennsteig eine Straße kreuzt und dann halblinks zum Wald führt, in den er nach Berühren der parallelen Fahrstraße schließlich einbiegt und bald halblinks als geschotterter Fußweg abzweigt. Hinter dem Parkplatz der **Rennsteigbaude Bernhardsthal** (3.45 Std.) wendet sich der Wanderweg nach rechts, nun wieder von Grenzsteinen begleitet – wir sind wieder auf der Original-Trasse des Rennsteigs.

Der kreuzt zweimal einen Fahrweg und steigt nach einem scharfen Rechtsknick steil zum **Parkplatz Sandwieschen** (4.30 Std) an der Straße nach Limbach hinab. Ausgangs der Kurve geht es dann an der Schutzhütte vorbei wieder halbrechts bergan.

Linker Hand liegt bald der tiefe Krater einer ehemaligen Kaolingrube – der Rohstoffbunker der früheren Limbacher Porzellanmanufaktur.

Der Rennsteig zieht nun über den Rücken des **Sandberges,** bald auf asphaltierter Sommerloipe und dann rechts hinab. Beim Abstieg am Rande eines Skilifthangs liegt linker Hand in einer Baumgruppe das **Greinersche Erbbegräbnis,** letzte Ruhestätte der Gründer jener Porzellan-Manufaktur, die **Limbach** (5.10 Std.) einst zu wirtschaftlicher Blüte verholfen hat (s. S. 47).

Der Rennsteig kreuzt unten die Straße und steigt dann durch den Wald bergan. Barocke Wappengrenzsteine mit sächsischer Raute und Schwarzburger Gabeln begleiten unseren Weg zum **Dreiherrnstein am Saarzipfel**, der unscheinbar neben der Schutzhütte steht. Gegenüber markiert der **Dreistromstein** eine der wichtigsten europäischen Wasserscheiden (Elbe–Weser– Rhein).

Wir gehen weiter zur nahen Straße, die der Wanderweg rechter Hand in geringem Abstand begleitet, um dann wieder auf der Original-Rennsteig-Trasse oberhalb von **Friedrichshöhe** (6.30 Std.) am Waldrand entlang zu ziehen. Bei Einmündung in die Straße gehen wir links in den Ort.

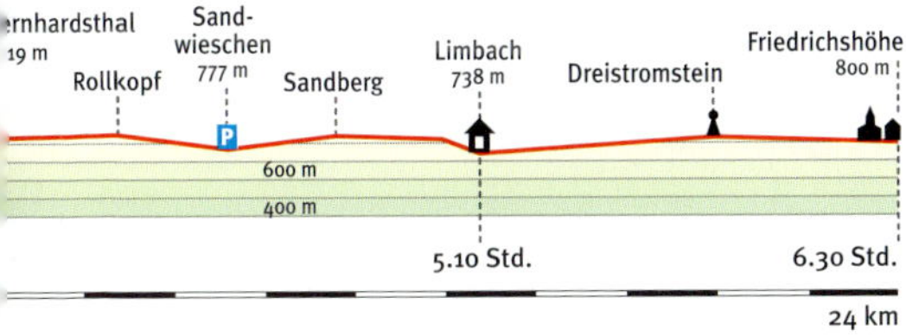

Eselsberg und Triniusstein

4. Tag: Von Friedrichshöhe nach Neustadt

Von der Rennsteigwarte auf dem Eselsberg können wir heute einen herrlichen Überblick gewinnen – über das bereits Geleistete ebenso wie über den vorausliegenden Rennsteig bis zu seinem höchsten Punkt auf dem fernen Beerberg.

Dauer: 4.15 Std.

Länge: 17 km

Charakter: Wegen der Kürze einfach, trotz zweier kräftiger An- und eines ebensolchen – zudem etwas ruppigen – Abstiegs

Einkehrmöglichkeiten: Gaststätte auf dem Eselsberg (Mi Ruhetag), Masserberg, Triniusbaude (Mo Ruhetag), Kahlert, Neustadt

Übernachtung: Auskünfte beim Fremdenverkehrsamt Neustadt Tel. 03 67 81/237 78 od. -9

Wir kehren wieder zum Ortsende von **Friedrichshöhe** zurück, von wo der Rennsteig die breite Forstfahrstraße geradeaus als Parallelweg begleitet. Nach rund 1 km zweigt er rechts ab und führt ziemlich steil auf die **Pechleite** (30 Min.) hinauf. Kurz hinter dem Rechtsknick auf der Gipfelkuppe fällt links ein heller Quarzitblock auf, der **Germarstein.** Eine Gedenktafel erinnert an den Rennsteigforscher Major Bruno von Germar (1873–1924).

Von schönen Wappengrenzsteinen begleitet steigen wir nun durch einen engen Hohlweg recht steil bergab. Unten treffen wir wieder auf die Forststraße und folgen ihr 200 m nach rechts, um dann wieder rechts auf einen grasigen Weg abzubiegen, der wenig später die **Eisfelder Ausspanne** (1 Std.) erreicht, einen alten Passübergang mit großem Meilenstein, Rastplatz und Schutzhütte. Der Name Ausspanne erinnert daran, dass der altertümliche Fuhrbetrieb an steileren Gebirgsübergän-

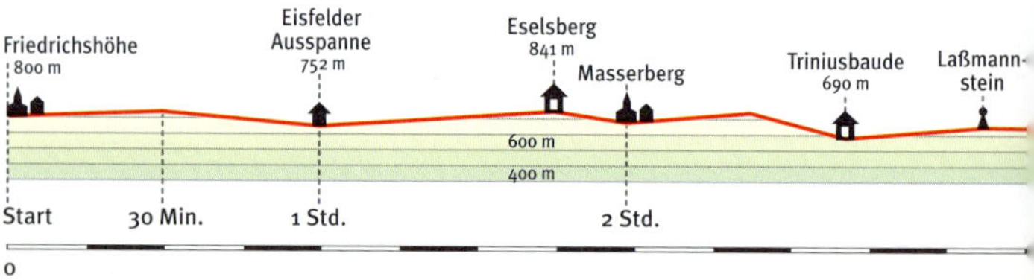

gen Zusatz-PS einspannen musste, in der Regel noch einmal so viele Gäule, wie der Wagen bereits vorgespannt hatte (meist 4–6). Solche Vorspanndienste waren ein wichtiger Erwerbszweig in der Umgebung von Passstraßen, wo auch stets die Pferdezucht blühte.

Der Rennsteig setzt sich nach halblinks gegenüber fort, an der folgenden Gabelung rechts, später bei der Einmündung in einen Fahrweg knickt er dann halbrechts ansteigend ab. Von barocken Grenzsteinen begleitet steigen wir nun über die Heidehütte beim **Dreiherrnstein auf der Hohen Heide** (1.30 Std.) auf den Gipfel des **Eselsberges** (Gaststätte), wo man von der Rennsteigwarte bei gutem Wetter eine umfassende Rundsicht genießen kann. Im Südosten überragt die Dammkrone des Oberbeckens des neuen Pumpspeicherwerks Goldisthal selbst die Rennsteighöhe.

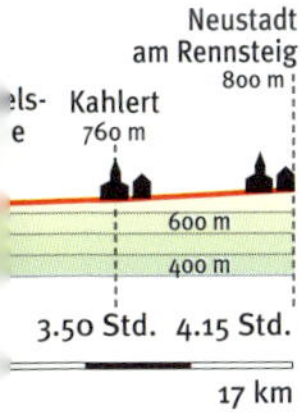

Auf breiter Bahn geht es nun hinab auf den Passsattel über **Masserberg** (2 Std.), wo der Rennsteig die Straße kreuzt und geradeaus über den Wiesenplan weiterzieht. Ein sachter Anstieg (gegen Ende der obersten Wiese halbrechts) führt auf den Gipfel des **Ersteberges** (2.30 Std; Schutzhütte), wo der Rennsteig sich scharf nach rechts wendet und dann steil hinab zur **Triniusbaude** (2.45 Std.) an der **Schwalbenhauptwiese** führt. Das Wanderlokal trägt den Namen des Rennsteigpioniers (s. S. 46), nach dem der kurz davor gelegene **Triniusstein** benannt ist.

Wir gehen nun auf dem Zufahrtsweg zur Straße und zum Parkplatz, an dessen anderem Ende der Wanderweg an Schutzhütte und Infotafel vorbeiführt, die Straße nach Katzhütte kreuzt und dann parallel der Landstraße am Rande einer Wiese bergan zu steigen beginnt.

Grenzstein mit sächsischem Wappen

Für die nächsten 24 km (bis zur Schmücke) verläuft die Landstraße auf der Route des Original-Rennsteigs und wird von einem »Ersatzwanderweg« begleitet.

Kurz nach Erreichen der Höhe steht rechts wenige Meter abseits des Weges der **Laßmannstein,** der an einen Förster erinnert, der hier am »6. Oct. 1764« (Rückseite des Steins) von Zigeunern erschossen wurde.

Nach knapp 2 km passieren wir die **Teufelsbuche,** die einen einstigen Gebirgsübergang der Viehschmuggler markiert. Bald wechselt der Rennsteig die Straßenseite und wir erreichen den kleinen Weiler **Kahlert** (3.50 Std.). Hinter der Kreuzung begleitet der Wanderpfad die Straße wieder auf der rechten Seite ins nahe **Neustadt** (4.15 Std., s. S. 42)

Jetzt wird's ernst

5. Tag: Von Neustadt auf die Schmücke

»Auf geht´s!« Heute schaffen wir nicht nur die Mitte des Rennsteigs und den Übergang vom Schiefergebirge in den Thüringer Wald, sondern auch den Großteil des Aufstiegs zu seiner höchsten Höhe.

Dauer: 5 Std.

Länge: 18 km

Charakter: Mittelschwer: Kleinere Kuppen, dann beginnt der Aufstieg auf den Beerberg bis ein Stück unterhalb des Gipfels.

Einkehrmöglichkeiten: Gasthaus beim Großen Dreiherrnstein, Allzunah, Schmücke

Übernachtung: Wander- und Sporthotel Schmücke, Tel. 036 81/415 53; Gruppen können auch die kurz hinter der Schmücke gelegene Suhler Hütte mieten (Rennsteig bis Wetterstation, davor links), Tel. 03 68 45/504 18 oder 036 81/267 97 (Kruhme). Wer in Oberhof übernachten will/muss (7,3 km Rennsteig bis Rondell, dann wenige hundert Meter neben der Straße): Fremdenverkehrsamt Tel. 03 68 42/221 43 od. -44 (die nächste Etappe wäre dann nur 18 km lang).

Wir folgen der Durchgangsstraße von **Neustadt** bis zum Kreisverkehr, wo wir geradeaus Richtung Ilmenau und in der Rechtskurve dann weiter geradeaus in die Rennsteig-Straße weitergehen. Der Rennsteig zieht über den Wiesenplan hinab zur Straße, der er kurz nach links folgt, um dann wieder links abzubiegen. An der Gabelung gehen Sie geradeaus, vorne in der Linkskurve des geschotterten Fahrweges setzt der Rennsteig dann geradeaus zum Aufstieg auf den **Großen Burgberg** (40 Min.) an – und kreuzt am Ende des Abstiegs ein weiteres Mal die Straße.

Kurz vor der »Morast« genannten niedrigen Anhöhe haben wir die Mitte des Rennsteigs erreicht! Ausgangs des Waldes steht am Rande des Parkplatzes der **Große Dreiherrnstein** (1.15 Std.; Gaststätte) von 1596, dessen 300jähriges Jubiläum im Gründungsjahr des Rennsteigvereins 1896 mit einem großen Volksfest gefeiert wurde (s. S. 42).

Wir gehen nun an der Waldschänke vorbei und am Straßendreieck wenige Meter Richtung Ilmenau, bis der Rennsteig dann links abbiegt. Hinter der Kuppe wendet sich unser Wanderweg nach links und folgt der von hellblauen Betonpfosten markierten Trasse, unter der die Wasserleitung von der Talsperre Schönbrunn nach Stützerbach verläuft (s. Tour 13, S 134).

Der Rennsteig kreuzt die Straße und folgt dem Parallelweg nach **Allzunah** (2 Std.). Er trifft bei jener stattlichen Rotbuche wieder auf die Straße, die 1691 bei der Gründung einer Glashütte gepflanzt wurde. Der Baum steht heute noch, die Glas-

hütte aber ging 1785 ein, weil sie »allzu nah« bei den Stützerbacher Konkurrenzbetrieben stand, daher der Ortsname.

Unser Wanderweg folgt der Straße geradeaus weiter, um bald hinter dem Ort auf dem Parallelweg kräftig bergan zu steigen. **Achtung** dann: Auf der Höhe kreuzt der Wanderweg nach knapp 1 km zweimal die Straße, um eine Ecke abzuschneiden und sie dann weiter auf der linken Seite in mehr oder weniger geringem Abstand zu begleiten.

Kurz vor dem **Bahnhof Rennsteig** (2.45 Std.) wird die Straße ein weiteres Mal gekreuzt. Der Parallelweg verläuft hinter Bäumen verdeckt zum Bahnübergang, dahinter biegt der Rennsteig wieder halbrechts von der Straße ab.

Oben kreuzt unser Wanderweg die B 4 Suhl–Ilmenau und verläuft dann parallel zu der nach Oberhof führenden Straße, von der er nach 3 km abzweigt – der Aufstieg zum Beerberg beginnt.

Bald erreichen wir die Waldwiese an der **Alten Tränke** (4 Std.; Rastplatz, Schutzhütte). Am Rande der Lichtung fließt ein Rinnsal durch eine Reihe hintereinander gestaffelter, vermodernder Tränktröge und erinnert an die einstmaligen hennebergischen Pferdezuchtwiesen. Der heutige Wald hat das Landschaftsbild verändert, das hier einstmals von Bergweiden bestimmt war.

Der Rennsteig steigt noch etwas bergan, oben folgen wir dem Forstfahrweg geradeaus weiter und wandern dann parallel der Straße zum

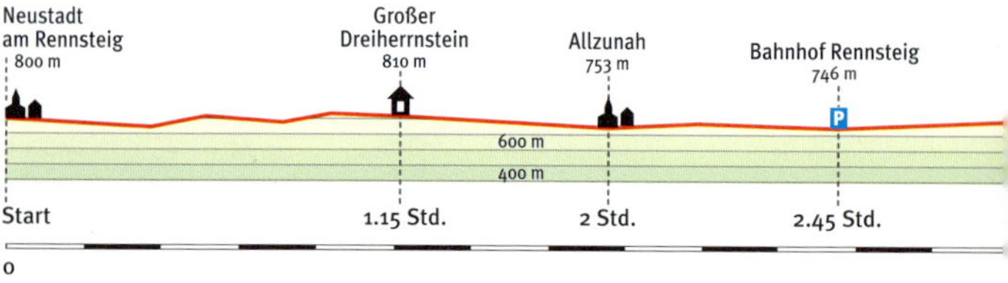

Rastplatz an der **Mordfleck-Wiese** (4.15 Std.; Schutzhütte), deren Name sich von einem »modrigen Fleck« herleitet und nicht von einer grausigen Tat.

Der Wanderweg kreuzt die Straße und folgt ihr am Rande der Wiese entlang zum Wald, durch den der Rennsteig zum **Borstenplatz** (Rastplatz, Schutzhütte) hinaufsteigt. Hier erinnert der **Herbert-Roth-Stein** von 1996 an den aus dem nahen Suhl stammenden Komponisten des Rennsteigliedes von 1951. Der vielbesungene Höhenweg steigt nun parallel zur Straße weiter bergan, und erreicht schließlich die **Schmücke** (4.45 Std.), das traditionsreichste Gasthaus auf dem Rennsteig (s. S. 37).

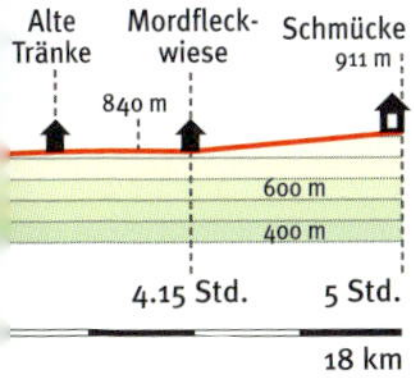

Über den Rennsteiggipfel

6. Tag: Von der Schmücke zur Ebertswiese

Heute geht es zunächst über den höchsten Punkt des Rennsteigs! Nach kräftigem Abstieg wandern wir lange mit herrlichen Ausblicken auf dem zunehmend schmaler werdenden Kamm des Thüringer Waldes dahin, bis wir an der wunderschön gelegenen Ebertswiese das verdiente Tagesziel erreichen.

Dauer: 7 Std.

Länge: 27 km

Charakter: Anspruchsvoll, weil sehr lang, einige kürzere Anstiege, ansonsten meist eben. Zu Beginn langer Abstieg vom Beerberg.

Einkehrmöglichkeiten: Rondell (Imbiss), Grenzadler, Neue Ausspanne (Imbiss), Ebertswiese

Übernachtung: Berggasthof Ebertswiese, Tel. 036 83/60 64 51; Bergseebaude, Tel. 03683/654 50 (eMail: tdt.hertel@t-online.de); Finnhütten beim Bergsee, Tel. 0171/62 537 89

Der Rennsteig folgt – die **Schmücke** rechts liegen lassend – noch wenige Meter der Straße Richtung Oberhof und biegt dann links ansteigend ab. Wir wandern an der Wetterstation vorbei, kreuzen später einen breiten Forstweg und stapfen auf einem Wurzelpfad durch »dunklen Tann«, hinter dem der Rennsteig dann als breiterer Weg links hinauf zu **Plänckners Aussicht** (45 Min.) führt, dicht unter dem Gipfel des **Großen Beer-**

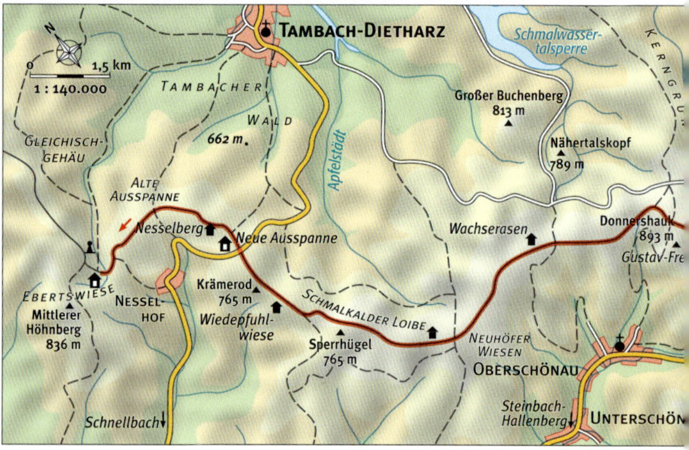

bergs. Wir haben nun den höchsten Punkt unserer Wanderung erreicht und können von der Aussichtsplattform den Blick nach Süden genießen.

An der Gabelung nach etwa 300 m führt der Rennsteig auf dem linken Weg zur **Suhler Ausspanne** (1 Std.) hinab, dahinter rechts, an Schutzhütte und Rastplatz vorbei und am folgenden Wegedreieck nach links bergab.

Die Schmückestraße wird gekreuzt und dann noch einmal, zur **Sommerwiese** (Schutzhütte). Wir setzen den Abstieg fort und erreichen den betriebsamen Straßenpass am **Rondell** (1.45 Std.; s. S. 35). Nach Überqueren der B 247 steigt der Rennsteig wieder bergan (rechter Hand in einer kleinen Anlage das **Forstarbeiterdenkmal.**

Oben an der Wegekreuzung bei **Stein 16** folgen wir dem Rennsteig geradeaus, der dann bald halbrechts vom breiten Weg abbiegt und hinab zum Straßenpass am **Grenzadler** (2.20 Std.; s. S. 35) führt.

Wir kreuzen die Straße und setzen die Rennsteigwanderung geradeaus an Parkplatz und Imbissbuden vorbei fort, linker Hand die Gebäude der Bundeswehr-Sportkompanie. An den folgenden Kreuzungen und Abzweigen geradeaus.

Nach gut 3 km steht linker Hand vor einem Rastplatz eine Infotafel zum längst verschwundenen **Gustav-Freytag-Stein,** der freilich rechts des Rennsteigs bei dem Stein mit

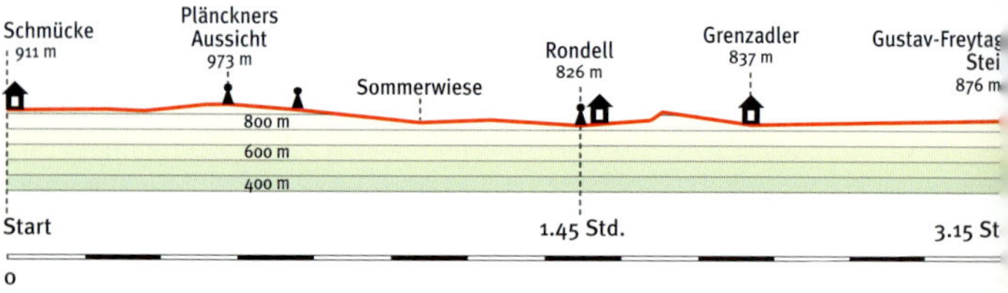

der Aufschrift »Kerngrund Amt Georgenthal 1659« stand (3.15 Std.;).

Bald kann man halblinks voraus über die Freifläche hinweg den Gipfel des Donnershauk sehen, einen der in Freytags Romanzyklus »Die Ahnen« erwähnten Gipfel des Thüringer Waldes.

Bald danach zweigt der Rennsteig links zu einer Abkürzung vom Fahrweg ab, auf den er nach 400 m wieder trifft. Kräftig ausschreitend marschieren wir dicht unter dem Gipfel des **Hohen Schorn** (850 m) vorüber und genießen beim Abstieg den schönen Ausblick über den Kanzlersgrund (Tour 9, S. 117), den Viktor von Scheffel in einer berühmten Stelle seines Rennsteiggedichtes beschrieb (s. S. 34).

Bald ist der Rastplatz am **Wachserasen** (4 Std.) mit seiner trutzigen Schutzhütte von 1909 erreicht. Etwa 250 m weiter biegt der Rennsteig dann nochmal halblinks vom Fahrweg ab und erreicht schließlich die **Ausspanne bei den Neuhöfer Wiesen.** Diese liegen linker Hand etwas tiefer.

Der Rennsteig kreuzt den Fahrweg und steigt auf die langgestreckte **Schmalkalder Loibe** (5 Std.; Schutzhütte; s. S. 33), von der es dann über den **Sperrhügel** steil hinab zur **Wiedepfuhlswiese** (5.30 Std.) geht. Voraus ist der nur noch 12 km entfernte Inselsberg zu sehen.

Wir wandern an der Wiese entlang zum Waldrand (Schutzhütte), wo der Rennsteig kurz rechts und dann links

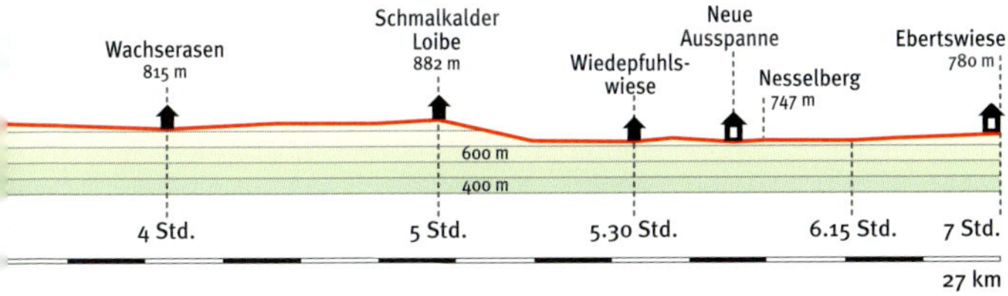

an einer Grenzsteinreihe entlang verläuft, aber schon bald wieder auf den breiten Weg trifft, der uns über die **Krämerod** hinab zur **Neuen Ausspanne** (5.45 Std.; Imbiss) führt.

Der Rennsteig kreuzt die Straße (rechts davor eine Nachbildung des Grenzadlers bei Oberhof) und steigt an der linken Seite des Parkplatzes wieder an. In der **Schutzhütte Nesselberg** ist Trinius' Rennsteiglied zu lesen: »Will nun fröhlich dich erwandern, ... stiller Rennsteig sei gegrüßt.«

Über den **Nesselberg** erreichen wir die **Alte Ausspanne** (6.15 Std.; Schutzhütte), über die der Handelsverkehr bis zum Chausseebau von 1828 über die Neue Ausspanne den Thüringer Wald kreuzte.

Das leichte Auf und Ab des auf der Kammlinie verlaufenden Rennsteigs setzt sich fort, wenn wir auf schönem, von alten Grenzsteinen begleitetem Waldweg über **Glasberg** und **Nägelstedter Girn** zur Ebertswiese wandern, die wir am **Spittersteg** erreichen (wenige Meter rechts **Roßner-Stein**, s. S. 38).

Wir folgen dem Rennsteig nun am Rande der Wiese bergan bis zum **Wegedreieck** am Waldrand. Wenn Sie zum Berggasthof **Ebertswiese** hinauf wollen (7 Std.), sich aber vorher noch über den Weiterweg orientieren möchten, ist es günstiger, nicht nach links direkt dorthin zu gehen, sondern geradeaus dem Rennsteig noch ein kurzes Stück zu folgen, der bald halblinks vom Fahrweg abzweigt und später einen anderen kreuzt: Diesem folgen Sie nun kurz links bergan und gehen hinter der Kuppe halblinks zum nun schon sichtbaren Haus (zu den Quartieren beim Bergsee geradeaus).

Inselsberg und Rennsteig-Sphinx

7. Tag: Von der Ebertswiese zu den Höhen über Ruhla

Eine Menge Sehenswürdigkeiten liegen heute an unserem Weg. Dazu gehört als prominentester Gipfel des Thüringer Waldes auch der Große Inselsberg – der freilich auch erarbeitet sein will ...

Dauer: 6.30 Std.

Länge: 25 km

Charakter: Trotz der Länge nur mittelschwer. Außer dem Inselsberg-Aufstieg (1,3 km) keine langen Steigungen, stattdessen über weite Strecken eben und v. a. bergab.

Einkehrmöglichkeiten: Heuberghaus, Grenzwiese, Inselsberg, Dreiherrnstein am Großen Weißenberg, Imbiss Glasbachswiese, Ascherbrück

Übernachtung: Rennsteigbaude und Wanderherberge Hubertushaus Ascherbrück, Tel. 03 69 29/621 34; wer nach Ruhla absteigen will/muss: Auskunft im Fremdenverkehrsamt, Tel. 03 69 29/890 13;

Vom Berggasthof auf der **Ebertswiese** gehen Sie zurück zur Kreuzung des Rennsteigs und folgen diesem nun nach links zum Fahrweg hinab, den Sie beim **Rastplatz Springender Löwe** erreichen. Der Rennsteig zieht nach links weiter und zweigt dann beim **Dreiherrnstein am Hangweg** rechts ab. Der Dreiherrnstein selbst ist schon lange verschwunden, die vier an der Ecke stehenden Grenzsteine standen ursprünglich anderswo (s. S. 28).

Der Rennsteig biegt hier nach rechts ab und führt übers **Gleichisch Gehäu** hinab zum **Possenröder Kreuz** (50 Min.; Schutzhütte; s. S. 28). Dann zieht der Weg geradeaus ansteigend über den **Spießberg** und hinab zur Fahrstraße kurz vor dem **Heuberghaus** (1.30 Std.).

Bei diesem kreuzt er die Passstraße und begleitet hinter dem Parkplatz die betonierte Fahrtrasse rechts als gut präparierter Wanderweg bis zum **Abzweig zur Tanzbuche.** Hier gehen wir auf dem breiten Fahrweg geradeaus weiter, bis der Rennsteig bei der **Schutzhütte Am Jagdberg** halblinks ansteigend abzweigt.

Auf dem bewaldeten Gipfel des **Großen Jagdbergs** (2.20 Std.) wendet sich der Rennsteig nach rechts und führt über Stufen am Rande eines Steilhangs bergab: Dieser wurde einst als Natursprungschanze genutzt, deren Holzgerüst zwar längst vermodert, deren Schanzentisch aber noch zu erkennen ist, der Rest war Auslauf.

Unten erreichen wir die **Gabelwiese** (Rastplatz), von der der Rennsteig geradeaus über den **Trockenberg** zum **Parkplatz Grenzwiese** am Fuße des Inselsberggipfels führt.

An den beiden Gasthäusern vorbei beginnen wir den Aufstieg. In der Rechtskurve des asphaltierten

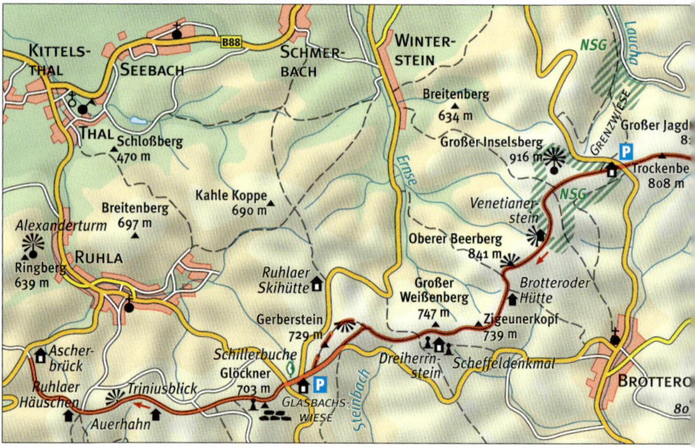

Fußgängerweges führt der Rennsteig geradeaus auf steilem Stufenpfad hinauf zu den **Reitsteinen** (schöner Blick in den Brotteroder Kessel), im Gipfelbereich zwischen Berggasthof Stöhr und Jugendherberge hindurch und schließlich am umzäunten Areal entlang über den Gipfel des **Großen Inselsberges** (3.15 Std.; nach dem letzten Haus links der **Stoy-Stein,** s. S. 30).

Auf z. T. steilen Wegpartien steigen wir dann über den **Venetianerstein** (3.30 Std.) und die »Terrasse« des **Oberen Beerberges** hinab zum Fuß des Gipfelaufbaus, wo der Rennsteig sich nach links wendet.

Vorbei an der **Brotteroder Hütte** wandern wir nun über die kleinen Erhebungen von **Zigeunerkopf** und **Großem Weißenberg** zum **Dreiherrnstein auf dem Großen Weißenberg** (4.30 Std.) mit dem **Scheffeldenkmal** (s. S. 30) vor der Gaststätte.

Der Rennsteig folgt noch etwa 50 m dem Zufahrtsweg (an dessen Einmündung links der eher unscheinbare Dreiherrnstein steht) und führt dann rechts hinab zur **Hirschbalzwiese** und dahinter auf den **Sattel vor dem Gerberstein** . Hier knickt der Rennsteig nach links ab, kreuzt unten die Straße und begleitet sie nach rechts auf einem Parallelweg über die Wegekreuzung **An der Walper** (5 Std.; s. dazu S. 25) und den Parkplatz Glasbachswiese (Imbiss; gegenüber steht die Schillerbuche) zum **Straßendreieck Glasbachswiese.**

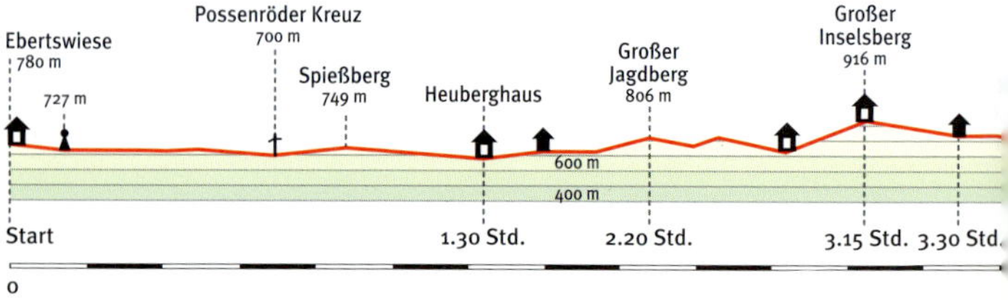

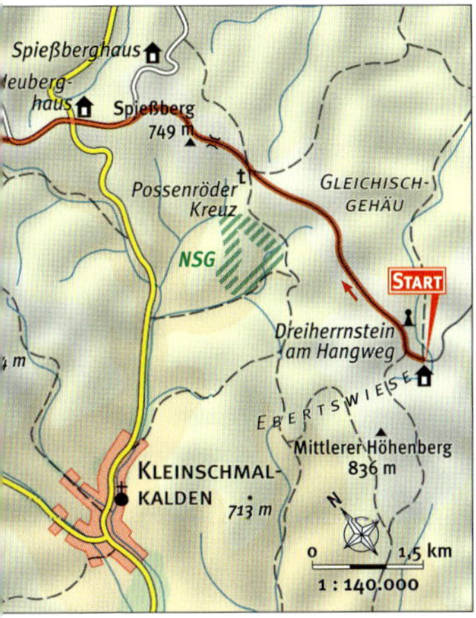

Der Rennsteig kreuzt nun geradeaus die Passstraße und steigt bergan. Zu Beginn des Hochwaldes hinter der Kuppe zweigt links ein Pfad zum **Glöckner** ab, eine Gruppe von Granitfelsen mit dem Ehrenmal des Rennsteigvereins. Als erstes erreichen wir die **»Rennsteig-Sphinx«**, eine gestreckte Felsgruppe, die von vorn eine entfernte Ähnlichkeit mit dem geheimnisvollen ägyptischen Fabelwesen zu offenbaren scheint. Geheimnisvoll jedenfalls ist die dort eingemeißelte Inschrift »1813 wurde hier gepflanzt für 1871« (s. S.29).

Wir folgen links dem Pfad hinab zum Rastplatz und gehen vor zum Ehrenmal, wo die Namen der 21 im Ersten Weltkrieg gefallenen »Renner« sowie der Vereinsgründer Hertel und Bühring in die Felswand gemeißelt sind. Hier findet auf jeder Pfingstrunst ein stilles Gedenken statt.

Wir steigen nun wieder auf den Gipfel der Felsgruppe hinauf und folgen dem Pfad halblinks zum Rennsteig zurück. Über den Wegestern **Große Meilerstätte** erreichen wir den **Auerhahn,** eine wochenends besetzte Hütte des Bergrettungsdienstes, vor der eine schöne steinerne Weltkugel mit Tierkreis steht.

Nach kurzem Abstieg führt der Rennsteig an einer Wiese entlang, wo unter hohen Buchen die **Triniusbank** steht, von der sich ein schöner Blick über die Kerbe des Erbstromtals hinweg ins Vorland bietet. Hier beginnen die ersten größeren Buchenbestände am Rennsteig, nachdem bisher die Fichte dominierte.

Rasch ist das **Ruhlaer Häuschen** (6 Std.) erreicht, eine Wegekreuzung (Rastplatz, Schutzhütte) mit großem Wegweiserstein, wo bis um 1800 ein herzogliches Jagdhaus stand, nach dem der Ort benannt wurde.

Beim Weiterweg hängt nach gut 500 m rechts an einer Buche in 5 m Höhe der **»Schlüssel zum Ruhlaer Häuschen«**, ein typischer Scherz aus der Frühzeit der Rennsteigbewegung, ähnlich dem Roten Turm am 2. Tag unserer Wanderung.

Jetzt ist es nur noch eine Viertelstunde bis zum **Hubertushaus Ascherbrück** (6.30 Std.).

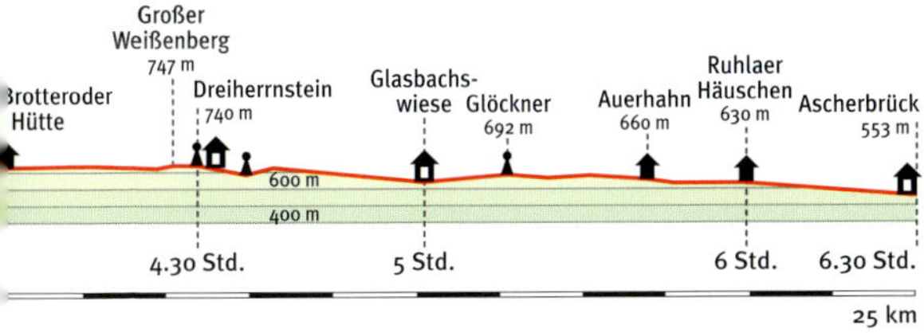

Hinabgerannt zum Werrastrand

8. Tag: Von Ascherbrück nach Hörschel

Hätte man Rollen unter den Wanderstiefeln, dann wären wir heute ruckzuck am Ziel – so aber können wir per pedes den Abschied vom Rennsteig noch ein bisschen in die Länge ziehen und genießen...

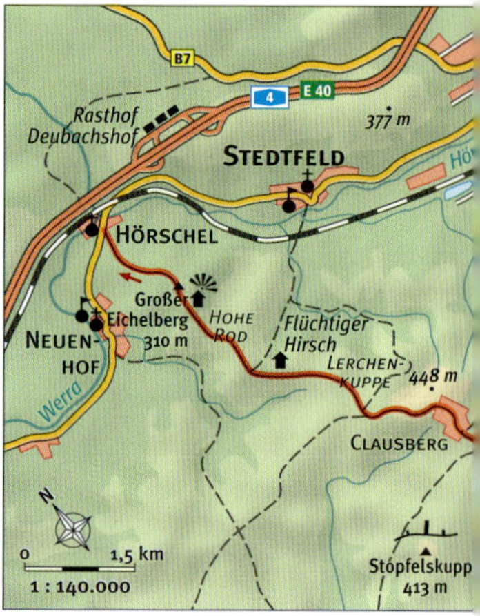

Länge: 19 km

Dauer: 5 Std.

Charakter: Einfach; zunächst viel Auf und Ab, dann auf guten Wegen nur noch bergab

Einkehrmöglichkeiten: Hohe Sonne, Clausberg (Mo Ruhetag), Hörschel

Übernachtung: Wer zum Abschluss der Tour in Hörschel übernachten möchte: Zimmervermittlung im Rennsteig-Wanderhaus, Tel. 03 69 28-911 94

Beim **Hubertushaus Ascherbrück** kreuzt der Rennsteig die Passstraße und setzt seinen Weg auf dem Kamm des Gebirges fort. Größere Anstiege liegen jetzt nicht mehr vor uns, in der Tendenz geht es immer bergab – von 553 m auf 196 m an der Werra. 600 m hinter dem **Zollstock** (Schutzhütte) weist ein Schild rechts zur **Rennsteiggrotte,** wo nur 50 m vom Wanderweg ein versteckter Felsüberhang zu schattiger Rast einlädt.

Immer dem Hauptweg folgend erreichen wir die Passhöhe **Hohe Sonne** (1 Std.; Grillstation) mit ihrem berühmten Wartburgblick (s. S. 23).

Der Rennsteig setzt seinen Lauf an Wartburgblick und Schloss vorbei in den Wald hinein fort. An der **Krummen Kahre** (Schutzhütte), erinnert ein Stein mit den Jahreszahlen 1330/1830/1990 an drei historische Rennsteig-Daten: Ausfertigung des »Frankensteiner Kaufbriefs« als erste urkundliche Erwähnung des

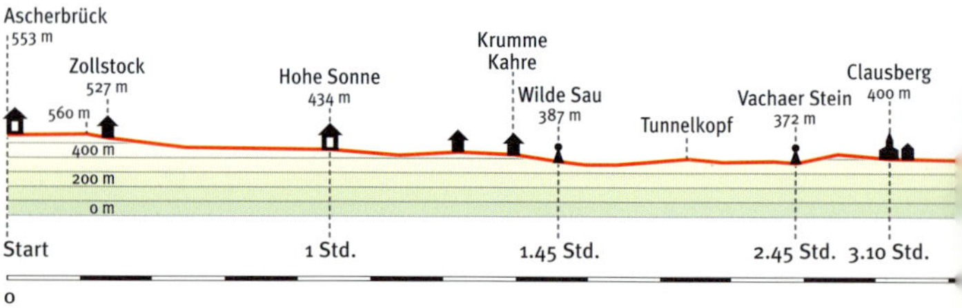

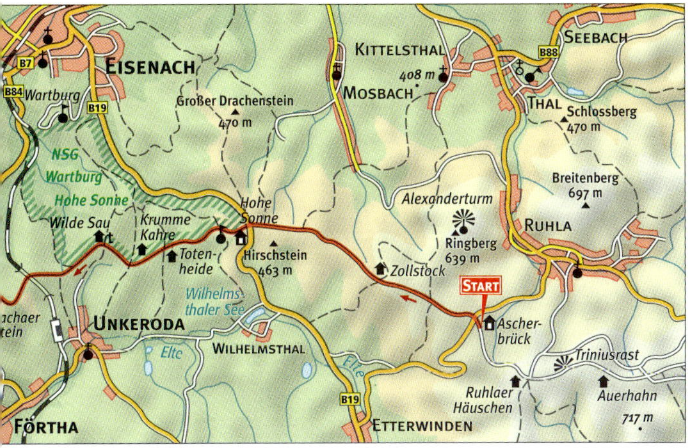

»Rynnestig«; Erscheinen von Plänckners' »Der Thüringer Wald« als erste Beschreibung einer Rennsteigwanderung; Wiedereröffnung des Gesamtrennsteigs nach der deutschen Teilung.

Wie Sie schon bemerkt haben, fällt der Rennsteig zum Werratal hin in kurzweiligem Auf und Ab über eine Reihe von Kuppen (»Kopjen«) ab. Am Ende eines solchen kurzen Anstiegs steht rechts auf dem Gipfel der Kuppe das **Steinkreuz Wilde Sau** (1.45 Std.), der älteste mit einer Jahreszahl versehene Stein am Rennsteig (s. S. 23).

Hinter der Schutzhütte steigen Sie wieder zum Rennsteig hinab, der nun über den **Wartburgblick** (Rastplatz; z. Zt. lugt nur noch der Burgturm über die Baumwipfel hinweg) zur **Albert-Hofmann-Linde** (überdachter Rastplatz) führt, das selbst gesetzte Denkmal eines Forstarbeiters zur Feier seines Ruhestandes.

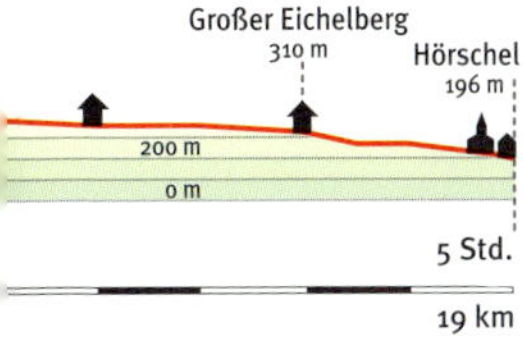

Gut 5 Min. später weist ein Schild rechts zum **Tunnelkopf**, wo man wenige Meter vom Weg entfernt bei einem Rastplatz durch die Zweige der Bäume hindurch einen Blick auf das Gleis der Werrabahn werfen kann, die hier seit 1858 das Gebirge unterquert.

In der bald folgenden Rechtskurve steigt der Rennsteig geradeaus zum **Ruppertskopf** an und trifft nach dem Abstieg wieder auf den Forstfahrweg, der wenig später die B 84 erreicht. Über diesen Pass der Frankfurt–Leipziger Handelsstraße querte im Oktober 1813 der französische Kaiser Napoleon Bonaparte mit seinen in der Völkerschlacht bei Leipzig geschlagenen Truppen den Thüringer Wald.

Wir steigen die paar Stufen zur Straße nach Clausberg hinauf, rechter Hand steht an der Einmündung der **Vachaer Stein** (2.45 Std.) mit der

An der Werra in Hörschel beginnt und endet der Rennsteig

Jahreszahl 1833 und Richtungsangaben. Dies war das westliche Ende des DDR-Rennsteigs, dessen vorausliegender Abschnitt weitgehend im Sperrgebiet lag!

Unser Wanderweg erreicht – ein paar Meter rechts der Straße verlaufend – **Clausberg** (Gaststätte), von wo sich erstmals der Blick zum Werratal und zur Rhön hin öffnet.

Hinter dem Weiler verläuft der Rennsteig am Waldrand entlang. Wenn nach 1 km voraus der Rangenhof in Sicht kommt, biegt unser Wanderweg rechts hinab ab, folgt unten dem Forstfahrweg kurz nach links und biegt dann gleich wieder links über die **Lerchenkuppe** ziehend ab. Am ehemaligen **Grenztor** trifft er wieder auf den Forstweg. Hier begann das 5-km-Sperrgebiet – knapp so weit haben wir jetzt noch zu laufen bis zum Rennsteigende am einstigen Grenzfluss, der Werra.

Wir wandern nach links und können an der **Schutzhütte Flüchtiger Hirsch** vielleicht noch einmal rasten. Hinter der nächsten Kuppe geht es hinauf zur **Hohen Rod,** einer Wiesenkuppe, an deren Rand der Rennsteig nach links weiterzieht. Vor dem Wiedereintritt in den Wald weist ein Schild zum 20 m links gelegenen **Franzosenfelsen,** eine hohe Kalksteinwand, an deren jähem Steilabbruch man unvermittelt steht. Hier wurde 1813 ein französischer Soldat von Bewohnern Neuenhofs getötet.

Es geht nun bald steil hinab zur Wegegabelung an der – arg ramponierten – **Gerichtskiefer** und dann

kurz hinauf auf die freie Kuppe des **Großen Eichelberges.** Von dem Rastplatz mit Schutzhütte kann man letztmals einen Blick zur Wartburg genießen.

Die nächste Wegmarke ist der Sattel am **Gonnermann-Eck.** Bis hierhin wurden in den Jahrzehnten vor dem Zweiten Weltkrieg die Renner bei der in Hörschel beginnenden Runst vom dortigen Wirt, »Vater Gonnermann«, geleitet.

Mit Ausblicken ins Werratal nähern wir uns nun raschen Schritts unserem Ziel. Wenn wir kurz vor den ersten Häusern von Hörschel aus dem Wald kommen, steht linker Hand noch ein **Gedenkstein für Julius von Plänckner** – Zwillingsbruder jenes Steins am Beginn unserer Wanderung.

Am **Rennsteig-Wanderhaus** vorbei erreichen wir die Durchgangsstraße von Hörschel, folgen ihr kurz nach rechts bis zur Kirche, dort links und neben dem Gasthaus Tor zum Rennsteig durch zum **Rennsteigende an der Werra** (5 Std.). Es ist vollbracht – und Sie können den Saale/Selbitz-Kiesel wieder dem nassen Element übergeben, den Sie 168 km weit über den Thüringer Höhenpfad getragen haben. Aber vielleicht werfen Sie ihn nicht allzu weit, damit er die Chance hat, wieder im heimischen Gewässer zu landen …

Wilde Sau und Drachenschlucht

Von Eisenach über die Wartburg auf den Rennsteig

»Alle Hauptsehenswürdigkeiten auf einen Streich!« könnte diese Wanderung auch heißen, die kaum ein Highlight im Süden Eisenachs auslässt.

DIE WANDERUNG IN KÜRZE

++ Anspruch

4.15 Std. Gehzeit

15 km Länge

Charakter: Der Aufstieg zur Wartburg ist recht steil, dann ist es aber auch schon geschafft. Durchweg gute Wege, Trittsicherheit für Abstieg durch Drachenschlucht.

Markierung: Blaues Andreaskreuz

Wanderkarte: Fritsch Wanderkarte 1:50000, Blatt 45, Westlicher Thüringer Wald und Vordere Rhön

Einkehrmöglichkeiten: Wartburg, Sängerwiese, Hohe Sonne, Eisenach

Anfahrt: A 4 bis Eisenach

Öffnungszeiten: Wartburg tägl. 9–17 Uhr

Wir beginnen die Wanderung im Zentrum von **Eisenach** am **Nikolaitor,** dem ältesten erhaltenen Stadttor Thüringens (um 1200), das an den Turm der romanischen **Nikolaikirche** (vor 1200) angebaut wurde. Auf dem Weiterweg über den **Karlsplatz** passieren wir das **Lutherdenkmal** (1895) und biegen dann an der prächtigen Stadtapotheke rechts in die Karlstraße ein (Fußgängerzone), die in den **Markt** mit Georgenkirche, Schloss (rechts) und Rathaus (links) mündet. Den **Goldene Manns Brunnen** von 1549 krönt der Drachentöter St. Georg, Schutzpatron der Ritter – und Eisenachs. Die in ihrem Ursprung romanische (1180–88) und später mehrfach umgebaute **Georgenkirche** hat eine Reihe denkwürdiger Ereignisse gesehen.

Wenn Sie aus der Kirche treten, sehen Sie halblinks das Postamt. Im Pflaster der Straßenkreuzung davor markiert ein kleines Kreuz aus hellen Steinen die Stelle, an der am 11. Mai 1525 einige Bauernführer enthauptet wurden.

Wir folgen jetzt der nach links hinter der Kirche entlangführenden Straße und gehen dann vorne rechts, direkt aufs **Lutherhaus** zu, wo der junge Martin während seiner Eisenacher Schulzeit 1498–1501 gewohnt hat. Im Museum wird Zeit und Wirken des Reformators anschaulich gemacht.

Weiter der Lutherstraße folgend, erreichen Sie bald das **Bachhaus** auf dem **Frauenplan,** rechts das Bachdenkmal von 1884. Das Museum im Geburtshaus des Komponisten gewährt Einblick in die Wohnverhältnisse der Epoche und dokumentiert Bachs Leben und Werk. Von besonderem Interesse ist die Sammlung

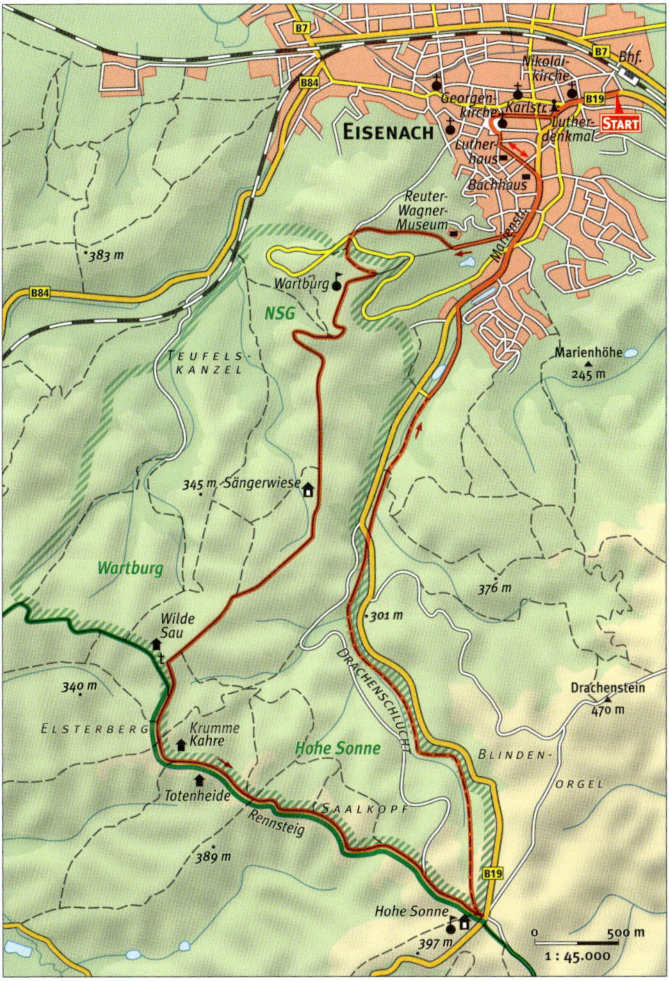

von Handschriften, Noten und historischen Instrumenten.

Gehen Sie nun halblinks den Frauenplan hinunter und unten rechts in die Marienstraße, der Sie immer geradeaus bis zur Wartburgallee folgen, dort rechts und gleich wieder rechts, nun den Reuterweg hinauf, Schild: »Fußweg zur Wartburg«. Rechter Hand liegt gleich die opulente, im italienischen Landhausstil gehaltene Villa des plattdeutschen Romanciers Fritz Reuter (1810–1874), der sich als hochgeschätzter Demokrat 1863 bewusst in der Stadt des Burschenschaftstreffens von 1817 niederließ. Heute beherbergt die Villa das **Reuter-Wagner-Museum**, denn 1895 war die 6000bändige Bibliothek des Schöpfers der Oper

»Tannhäuser und der Sängerkrieg auf der Wartburg« hier untergebracht worden.

Oben in der Kehre der Fahrstraße gehen Sie geradeaus auf dem linken der beiden Wege weiter, die Höhe haltend (Markierung blaues Andreaskreuz u.a.). Am Wegestern dann steigen Sie halbrechts den Markierungen folgend bergan. Nach Überqueren der Straße – wo Sie bei der Eselstation auch ein Grautier für den weiteren Aufstieg mieten könnten... – gehen Sie nach links Richtung **Elisabethplan,** wohin der Zugang dann gleich links abzweigt. Durch eine Felsenge betreten Sie das kleine Plateau, auf dem vor fast 800 Jahren das Siechenhaus der hl. Elisabeth stand.

Setzen Sie nun den Aufstieg einfach auf dem »Eselssteig« fort. Oben treffen Sie auf die Straße und haben es dann nicht mehr weit bis zum Fuße der Wartburg (1 Std.).

Für den Weiterweg nehmen Sie den unter der Burgbrücke hindurchführenden Pfad Richtung **Sängerwiese** (Markierung blaues Andreaskreuz), der durch wildromantische Fels- und Waldlandschaft zunächst im Zickzack ein Stück bergab führt. An der Gabelung gehen Sie dann rechts auf dem die Höhe haltenden Weg weiter, der über eine dammartige Bergrippe mit schönen Rückblicken zur **Wartburg** führt. Man kann sich gut vorstellen, dass hier einst die Kuriere der Landgrafen dem keine halbe Stunde entfernten Rennsteig entgegensprengten, auf dem sie rasch nach Westen oder Osten weiterreiten konnten. Wahrscheinlich wurde auch Luther auf diesem Weg auf die Wartburg gebracht.

Immer geradeaus wandernd, erreichen Sie bald die **Sängerwiese** (1.20 Std.; Gasthaus), wo 1847 anlässlich der Einweihung der Eisenbahn Halle–Erfurt–Eisenach das berühmte Thüringer Sängerfest stattfand.

In Fortsetzung des bisherigen Weges wandern Sie geradeaus weiter Richtung Wilde Sau/Hohe Sonne. Bleiben Sie einfach auf dem Haupweg und genießen Sie die herrlichen Ausblicke übers Mariental hinweg zum Rennsteiggebiet. Vielleicht entdecken Sie ja am Horizont auf der höchsten Höhe den Alexanderturm über Ruhla (s. Tour 4, S. 96).

An der Gabelung später gehen Sie links und an der Dreifachweggabelung schließlich geradeaus auf die Kuppe, wo seit über 500 Jahren das **Steinkreuz Wilde Sau** (2 Std.) steht, der älteste Stein am Rennsteig, der eine Jahreszahl trägt (s. S. 23).

Gehen Sie links der Schutzhütte zum **Rennsteig** hinunter und folgen Sie ihm nach links (Markierung »R«). Hinter einer Kuppe erreichen Sie die

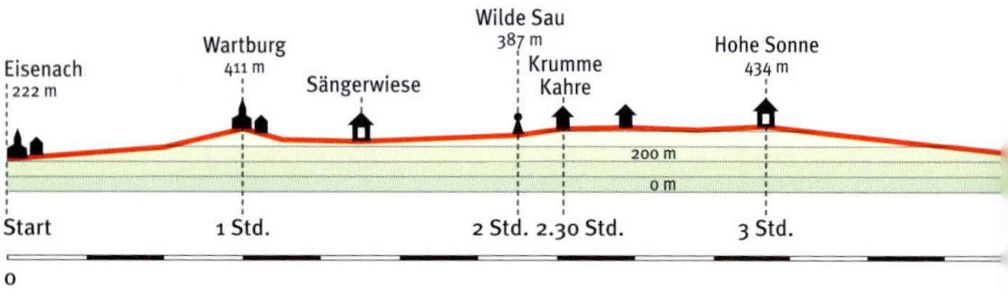

Schutzhütte an der **Krummen Kahre,** bei der ein Stein mit den Jahreszahlen 1330/1830/1990 an drei historische Rennsteig-Daten erinnert: Ausfertigung des »Frankensteiner Kaufbriefs« als erste urkundliche Erwähnung des »Rynnestig«; Erscheinen von Plänckners' »Der Thüringer Wald« als erste Beschreibung einer Rennsteigwanderung in ihrem heutigen Verlauf; Wiedereröffnung des Gesamtrennsteigs nach Ende der deutschen Teilung.

Folgen Sie nun dem weißen »R« noch gut 2,5 km durch den Bergwald zur Passhöhe **Hohe Sonne** (3 Std.; s. S. 23) mit ihrem berühmten Wartburgblick – und dem Rastplatz mit Grillstation.

Beim **Wartburgblick** beginnt der Abstieg in die **Drachenschlucht:** Folgen Sie einfach der Markierung blaues Andreaskreuz steil bergab. Mehr und mehr wird der Weg zwischen Felsen gezwängt, manchmal spürt man eine beklemmende Enge. Üppiges Grün im Verein mit rotliegendem Fels prägt die Schlucht, die 1832 im Rahmen der weiträumigen Landschaftsgestaltung südlich von Eisenach zugänglich gemacht wurde. Wenn Sie auf die Straße treffen (3.45 Std.), kreuzen Sie diese und gehen nach links auf dem schönen Parallelweg rechts der Straße zurück nach **Eisenach** (4.15 Std.).

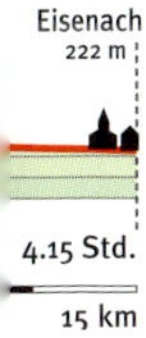

Eisenach

Industrie, Natur und Kultur, das ist der große Dreiklang von Eisenach, der Geburtsstadt von Johann Sebastian Bach. Nach Süden schmiegen sich die besseren Wohnviertel, in üppiges Grün gebettet, ans Waldgebirge an, die nördlichen Bezirke dagegen im breit hingelagerten Hörseltal sind schon seit Ende des 19. Jh. Industrierevier. Wichtigster Erwerbsfaktor ist seit Gründung einer Fahrzeugfabrik im Jahre 1896 der Autobau – vor dem Krieg im Besitz von BMW, danach volkseigener Betrieb (»Wartburg«), jetzt hat Opel ein neues Werk aus dem Boden gestampft. Dass aber schon der Name des Ortes auf Metallverarbeitung verweise, ist ein Trugschluss, da er sich von einem keltischen Wort mit der Bedeutung »Sumpfwasser« herleitet – also mit dem Namen der Isar verwandt ist!

Georgenkirche: Rund 25 Jahre nach ihrer Einweihung im Jahre 1188 erhielt der junge Landgraf Ludwig IV. vor dem Altar der Georgenkirche den Ritterschlag, 1221 fand hier seine Trauung mit Elisabeth statt. Martin Luther sang als Lateinschüler in der Georgenkirche – und predigte 20 Jahre später, schon unter Reichsacht stehend, am 2. Mai 1521 in ihr, zwei Tage, bevor er auf der Wartburg ›untertauchte‹. Am 23. März 1685 wurde Johann Sebastian Bach in der Georgenkirche getauft (in der Eingangshalle sein Standbild von 1939), am 19. Oktober 1817 empfingen die Vertreter der deutschen Burschenschaften im Rahmen ihres Wartburgtreffens hier das Abendmahl. 1925 fand in der Georgenkirche der erste ökumenische Gottesdienst auf deutschem Boden statt. An der Chorwand sind die Grabplatten einiger Thüringer Landgrafen aufgestellt, vierte von links die Ludwig IV., des Gemahls der hl. Elisabeth.

Die Wartburg

Die bedeutendste aus dem hohen Mittelalter erhaltene Burganlage Deutschlands verdankt ihren Rang vor allem drei historischen Ereignissen, die hier stattfanden: dem legendären Minnesängerwettstreit von 1206/07, dem karitativen Wirken der Landgräfin Elisabeth 1221–27 und Luthers Übersetzung des Neuen Testamentes 1521/22.

Interessant ist, dass hier nicht weltliche Machthändel als Eckpunkte einer Burggeschichte aufscheinen, sondern Glanzpunkte des Kultur- und Geisteslebens, die eine bemerkenswerte Beziehung zur deutschen Sprache und zu reformerischem Denken und Handeln aufweisen. Dass die Burschenschaften die »Lutherburg« 1817 für ihr historisches Treffen auserkoren, kam nicht von ungefähr, war sie doch längst ein Symbol progressiver, humanistischer Gesinnung geworden.

In den herrschenden Kreisen brachte sie das zunächst eher in Misskredit. Doch als der revolutionäre Überschwang versiegte, das aufkeimende Nationalbewusstsein sich rückwärts wandte und das Mittelalter als Goldene Zeit der Einheit von Fürst und Volk verklärte, wurde auch die Wartburg wieder hoffähig – und zum »Nationaldenkmal« ausgebaut. Großherzog Karl Alexander von Sachsen-Weimar-Eisenach, der Enkel von Goethes fürstlichem Freund Karl August, ersparte dabei der alten Landgrafenfeste das Schicksal manch anderer baufällig gewordenen Burg, die im 19. Jh. als idealisiertes Märchenschloss neu erstand. Statt dessen wurde bei der sich von 1838 bis 1890 hinziehenden Restaurierung versucht, zumindest die Außenanlagen möglichst historisch getreu zu sanieren, teils auch zu rekonstruieren. Zwar war die damalige Kenntnis mittelalterlicher Baugeschichte noch begrenzt, doch begegnen wir in der Wartburg immerhin einer Lösung, die unter den Bedingungen der historisierenden Denkmalpflege des 19. Jh. als beispielhaft gelten kann.

Anders lagen die Verhältnisse bei den Innenräumen, die laut Vorgabe des Bauherrn musealen und zugleich wohnlichen Charakter tragen sollten, da sie auch als romantischer Wohnsitz der großherzoglichen Familie gedacht waren. Hier wurde mit bunten Dekorationen, byzantinisierendem Mosaikschmuck und historistischen Gemälden die Sucht der Epoche nach geschichtsträchtigem Ambiente befriedigt. Am bekanntesten sind die 14 Fresken des romantischen Malers Moritz von Schwind von 1854/55, die legendäre Ereignisse aus der frühen Geschichte der Wartburg und des Thüringer Landgrafenhauses darstellen wie die **Gründungssage** (»Wart' Berg, Du sollst mir eine Burg werden!«), die Sage vom **Schmied von Ruhla** (»Landgraf, werde hart, hart wie dieses Eisen«) oder die wohl bekannteste Legende mittelalterlicher deutscher Kulturgeschichte, die vom **Sängerkrieg auf der Wartburg.**

Ihre Blütezeit hatte die Wartburg unter Landgraf Hermann I. (1190–1217) erlebt. Ihr romanischer Palas galt als eines der großartigsten Bauwerke Deutschlands, ebenbürtig den kaiserlichen Pfalzen. Die höfisch-ritterliche Kultur stand in ihrer Blüte, und Hermann zog die bedeu-

Die Wartburg

tendsten Minnesänger der Zeit an seinen »Musenhof«. Der legendäre Sängerwettstreit soll auf einer wahren Begebenheit beruhen, die 1206/07 tatsächlich stattfgefunden haben soll.

1211 kam die vierjährige ungarische Königstochter Elisabeth auf die Wartburg und heiratete zehn Jahre später den jungen Landgrafen Ludwig IV. von Thüringen. Unterhalb der Wartburg errichtete sie auf dem heute so genannten **Elisabethplan** ein Armenhospital, in dem sie persönlich die Kranken pflegte, etwas Unerhörtes für eine Frau ihres Standes in jener Zeit. Die Statue dort erinnert an die bekannteste Elisabethlegende, das »Rosenwunder«: Die Mildtätigkeit der Landgräfin soll ihrem durchaus großzügigen Gemahl doch zu bunt geworden sein. Als er einmal wissen wollte, ob sie schon wieder Brot unter ihrem Gewand aus der Burg schmuggele, öffnete Elisabeth ihr Kleid und – die Brote hatten sich in Rosen verwandelt.

Ludwig starb 1227 auf dem fünften Kreuzzug. Elisabeth gab ihre drei Kinder in fremde Obhut, trat in Marburg in den Franziskanerorden ein und widmete sich in völliger Armut der Armen- und Krankenpflege. Erst 24jährig, starb sie 1231 und wurde vier Jahre später heiliggesprochen.

Die Höhen um Ruhla

Ringberg, Sphinx und Gerberstein

Ruhla ist einer der traditionsreichsten Orte des Thüringer Waldes, dessen wechselvolle Geschichte sich in einer ebensolchen Umgebung zu spiegeln scheint. Aus dem engen Erbstromtal geht es auf den Ringberg mit herrlicher Rundumsicht und über den rätselhaften Glöckner wieder zurück.

DIE WANDERUNG IN KÜRZE

+++ Anspruch

8 Std. Gehzeit

27 km Länge

Charakter: Wegen der Länge anspruchsvoll, auch der gut einstündige Ringbergaufstieg zu Beginn der Wanderung ist ›nicht von schlechten Eltern‹.

Wanderkarte: Fritsch Wanderkarte 1: 50000, Blatt 45, Westlicher Thüringer Wald und Vordere Rhön

Einkehrmöglichkeiten: Hubertushaus Ascherbrück, Glasbachswiese (Imbiss), Ruhlaer Skihütte, Wanderhütte Königshäuschen (Sa, So), Schöne Aussicht (Do, Fr Ruhetag), Ruhla

Anfahrt: A 4 bis Eisenach-Ost, B 7 bis Wutha, B 88 bis Thal, dort rechts ab nach Ruhla. Knapp 1 km nach Ortsbeginn biegt rechts die mit »mini-a-thür« beschilderte Straße ab.

Öffnungszeiten: Ruhlaer Heimatmuseum (Ortsmitte) mit einer Sammlung wunderschöner Tabakspfeifen, Uhren und alter Werkstätten; Di–Fr 9–12, 13–17 Uhr, Sa 13–17 Uhr, So/Mo geschlossen; **mini-a-thür:** Heimatpark »Klein Thüringen« mit 1:25-Modellen kulturhistorisch bedeutsamer Bauwerke Thüringens; Mai–Oktober tägl. 10–18 Uhr

Ausgangspunkt der Wanderung ist der Parkplatz am Heimatpark **»Klein Thüringen«** im Lappengrund unmittelbar über **Ruhla.** Vom Wanderwegweiser am rechten Rand des Parkplatzes folgen wir dem rechts bergan

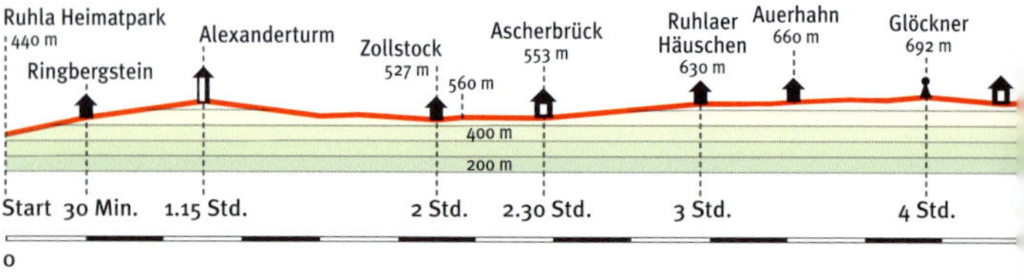

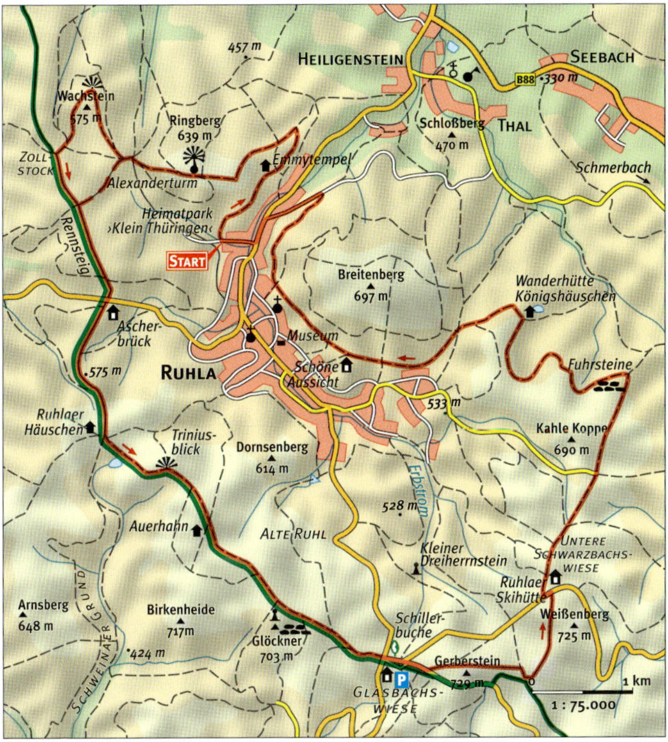

ziehenden Weg (Markierung grüner Schrägbalken).

Von der **Weidmannsruhe** (Sitzbank) hat man erstmals einen schönen Ausblick auf Ruhla mit der charakteristischen Concordia-Kirche. Dahinter folgen wir dem rechts abzweigenden Hangweg zum **Emmytempel** auf dem **Ringbergstein** (30 Min.). Die heutige Holzhütte von 1989 ist Ersatz für einen gusseisernen Pavillon von 1878. Dieser war der Korrosion zum Opfer gefallen, und nur die eingemauerte Platte mit dem großen »E« für Emmy erinnert noch an dieses Geschenk eines dankbaren Kurgastes an Ruhla, der damit seiner geliebten Ehefrau ein Denkmal setzte.

Wir folgen nun dem mittleren der

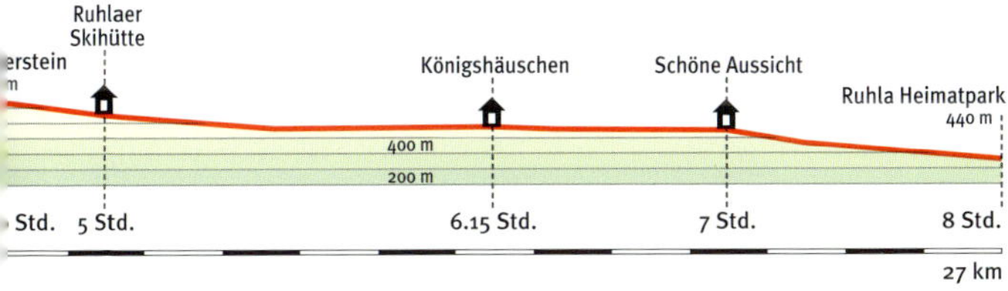

Vom Alexanderturm kann man den Weiterweg überblicken

drei links abzweigenden Wege, der bald stärker ansteigt, oben an der Wegekreuzung links Richtung Rennsteig (Markierung jetzt grünes Dreieck). Am bald folgenden Wegedreieck (Rastplatz) geht es weiter geradeaus. Bald steigen Sie durch dunklen Fichtenwald bergan, an der Gabelung dann rechts kurz ziemlich steil – und schon liegt der **Alexanderturm** auf dem Gipfel des **Ringberges** vor Ihnen (1.15 Std.).

1868 hatte der Pfeifenfabrikant Alexander Ziegler hier einen 18 m hohen hölzernen Aussichtsturm errichten lassen und sein Bestehen »für alle Zeiten« durch einen Fonds sichergestellt, aus dessen Mitteln 1897 die heutige 21 m hohe Eisenkonstruktion erbaut wurde. Benannt ist der Turm nach Großherzog Karl Alexander von Sachsen-Weimar-Eisenach, dem Bauherrn der Wartburgrestaurierung (s. Tour 3, S. 92) und Enkel von Goethes fürstlichem Freund Karl August.

Eine herrliche Rundumsicht belohnt den Wanderer für den Aufstieg: Im Nordwesten liegt die Wartburg, links dahinter markiert die Autobahnbrücke bei Hörschel den Beginn des Rennsteigs, im Nordosten sind die Hörselberge zu sehen, im Südwesten die fernen Kuppen der Rhön, und hinter Ruhla, das zu unseren Füßen in der Kerbe des Erbstromtals liegt, erhebt sich der 12 km entfernte Inselsberg mit seinen Sendeanlagen (s. Touren 6 und 7).

Vom Turm aus gehen Sie einfach auf dem bisherigen Weg weiter, der bald steil hinab zur **Hubertushauswiese** führt, an der entlang wir geradeaus weitergehen.

Auf dem Plateau rechter Hand stand bis 1968 die traditionsreiche Waldgaststätte Hubertushaus, die als potentieller Unterschlupf für Republikflüchtlinge abgerissen wurde, weil die Westgrenze nur noch 20 km entfernt war ...

In der Linkskurve dann biegen Sie rechts ab Richtung Wachstein.

Abkürzung: Wenn man auf dem Hauptweg bleibt, erreicht man in 10 Min. den Rennsteig und spart rund 2 km.

Der die Höhe haltende Hangweg bietet einige Ausblicke ins Tiefland und führt am Fuß des **Grebesteins** (Rastplatz, Gedenktafel) vorbei zum **Wachstein** (1.45 Std.). Die aus Konglomeraten des Rotliegenden gebildeten Felsen zeigen teils beachtliche Einschlüsse. Die Aussichtsplattform befindet sich auf einem erst in jüngster Zeit mit Holz ummantelten Betonbunker einer Flakstellung aus dem Zweiten Weltkrieg, der von der Stasi später zur Beobachtung des rückwärtigen Grenzraumes genutzt wurde. Es bietet sich ein schöner Ausblick über das Hansbachtal hinweg zur Wartburg.

Wir gehen nach links am überdachten Rastplatz vorbei weiter und an der nächsten Wegekreuzung geradeaus Richtung Rennsteig. Der Weg führt am **Schmidt-Burgk-Stein** (Gedenkstätte im Steinkreis) und am **Rhönblick** (Kaliberge bei Heringen und Philippsthal als Landschaftsmarken) vorbei und erreicht schließlich den **Zollstock** (2 Std.; Schutzhütte, Rastplatz), wo zu Zeiten deutscher Kleinstaaterei Wegezoll erhoben wurde. Von hier aus wandern wir für 9 km nach links auf dem **Rennsteig,** der dem Kamm des allmählich ansteigenden Gebirges folgt.

Vorbei am **Jubelhainbörnchen,** das aus dem bald folgenden Hochbehälter der Wartburgleitung gespeist wird, erreichen wir die dreifache Wegegabelung **Ascherbrück,** wo der Rennsteig auf dem halbrechten Weg weiterläuft und wenig später die Straße Ruhla–Etterwinden zum **Hubertushaus Ascherbrück** kreuzt (2.30 Std.). Dann geht es über das **Ruhlaer Häuschen** (3 Std.) und **Auerhahn** zur geheimnisvollen **»Rennsteig-Sphinx«** auf dem **Glöckner** (4 Std.; s. S. 29). Von der **Glasbachswiese** folgen wir noch kurz dem Rennsteig bis zur Wegekreuzung **An der Walper.**

Hier verlassen wir den berühmten Höhenpfad des Thüringer Waldes und steigen rechts an der Schutzhütte vorbei zum **Gerberstein** (4.30 Std.) hinauf, den urkundlich frühest benannten Gipfel des Thüringer Waldes: 933 wurde er als »Gervuenstein« (Gerwinstein) genannt. Von der Bank auf der unteren Felsgruppe haben Sie eine herrliche Aussicht zurück bis zum Glöckner und weit über das Werratal hinweg bis zur Rhön.

Folgen Sie nun dem Kammpfad nach rechts über den lang gestreckten Bergrücken, auf dem noch weitere Felsgruppen verstreut liegen.

An der T-Gabelung am Ende der Höhenzunge gehen Sie rechts. Drei in einigem Abstand aufeinander fol-

Der Wegweiser-Obelisk am Ruhlaer Häuschen

gende Grenzsteine künden an, dass wir uns wieder dem **Rennsteig** nähern. Etwa 10 m vor dessen Einmündung biegen wir nun aber nach links auf den unmarkierten Weg Richtung Ruhlaer Skihütte ab, der später auf den Weg mit der Markierung gelber Balken trifft. Diesem folgen Sie nach links weiter bergab und kreuzen schließlich die Straße zum Gasthaus **Ruhlaer Skihütte** (5 Std.).

Zwischen diesem und dem **Hotel Rennsteighof** wandern wir nun auf der alten **Weinstraße** weiter (an der Dreifachgabelung linker Zweig), die an der Datschenkolonie vorbeiführt, dahinter gehen Sie an der Gabelung rechts (grünes Dreieck).

Von der **hinteren Schwarzbachswiese** (Rastplatz) bietet sich bald ein schöner Blick zum Inselsberg. Die Weinstraße hält sich auf der Höhe, an Abzweigen gehen Sie geradeaus, so auch an der **vorderen Schwarzbachswiese,** Richtung Königshäuschen. Es folgt noch eine Bergwiese, dann beginnt die Weinstraße ihren teils steilen Abstieg, der an einem der **Fuhrsteine** vorbeiführt.

Unten gehen Sie an der Gabelung noch kurz geradeaus, biegen dann aber am bald folgenden Abzweig von der Weinstraße nach links Richtung Königshäuschen ab (Markierungen gelbes Andreaskreuz und blauer Punkt).

Der Hangweg windet sich durch mehrere Bergeinschnitte (»Kammern«), an dem Wegestern nach 2 km folgen Sie dem Hauptweg durch die Linkskurve – wochenends wollen Sie aber vielleicht im unterhalb gelegenen **Königshäuschen** einkehren (6.15 Std.) –, dann folgen Sie geradeaus dem blauen Punkt des Thüringenweges, der weiter vorne wieder auf den Hauptweg trifft.

Dieser erreicht nach einem knappen Kilometer den **Wegestern Aschhof,** wo Sie geradeaus auf dem grasigen Weg bergab weitergehen, unten links.

Der Wanderweg hält sich oberhalb der ersten Häuser von **Ruhla,** Richtung Emilienruhe. In der Linkskurve verlassen Sie den Hauptweg und gehen geradeaus an dem großen Haus vorbei und am Waldrand entlang.

Der Wanderweg quert bald eine Wiese, folgt dann dem Fahrweg links hinunter, unten der asphaltierten Fahrstraße nach rechts, vorne an der Gabelung links – dann nur noch von der Schwerkraft treiben lassen, die Sie präzise an der **Ausflugsgaststätte Schöne Aussicht** (7 Std.) abliefert. Am Parkplatz davor führt der Weiterweg rechts hinunter – aber Sie wollen sicher erst einmal einkehren, denn die Aussicht auf Ruhla ist wirklich großartig. Bei schönem Wetter kann man draußen beim Fahnenmast hoch über der Stadt sitzen, ein klitzekleiner Privatzoo lädt zu Betrachtungen aller Art ein...

Wohlgestärkt für die letzte Etappe schlagen Sie am Parkplatz den vorgenannten Weg ein, aber **Achtung:** Unser blauer Punkt zweigt gleich rechts auf den Stufenweg Richtung Emilienruhe ab. Unten marschieren wir durch die Datschenkolonie und folgen dem schönen Hangweg, der sich nun wieder oberhalb der Bebauung hält. An Abzweigen bleiben Sie auf dem Hauptweg, der oberhalb des **gothaischen Friedhofs** vorbeiführt und dann bald die **Emilienruhe** erreicht, einen Aussichtspunkt mit Schutzhütte und Rastplatz, von dem man noch einmal gut die Bergstadt Ruhla überschauen kann. Die beiden Kirchen sind Ihnen sicher schon aufgefallen – Sie sind beide evangelisch! Seit einer sächsischen Erbteilung im Jahre 1640 war der Ort nämlich in einen gothaischen (diesseits) und einen eisenachischen (andere Talseite) Teil geteilt, wobei die alte Rulle Grenz-›Strom‹ wurde und seitdem »Erbstrom« heißt. Bei aller Einheitlichkeit der gewerblichen Schicksale bestand doch bis zur Gründung des Landes Thüringen im Jahre 1920 eine strikte Trennung beider Ortsteile: Es gab zwei Kirchen, zwei Friedhöfe, zwei Schulen, zwei Forstämter usw. usf.

Wir folgen weiter dem Hangweg, der auf den Ringberg zu führt, an dessen rechter Flanke auch der Emmytempel zu erkennen ist. Sie erinnern sich doch noch, vor vielen, vielen Stunden ...

Achtung dann: Nach gut 1 km zweigt der Weg Richtung Ruhla in spitzem Winkel links ab und führt steil auf den Grund des Erbstromtals hinab in den unteren Teil von **Ruhla.** Folgen Sie der Durchgangsstraße nach links etwa 300 m, dann biegt rechts die Straße Richtung mini-a-thür ab, die Sie zurück zum Ausgangspunkt der Wanderung am **Heimatpark »Klein Thüringen«** führt (8 Std.).

Ruhla

Vom »rollenden Wasser, die ›Rulle‹ geheißen«, soll der Name des Ortes abstammen, dessen Anfänge wohl bis ins 11. Jh. zurückreichen, als sich Eisenacher Waffenschmiede in dem für ihr Gewerbe günstigen Tal niederließen, da die hier aufgefundenen Erze gleich an Ort und Stelle mit Hilfe des reichlich vorhandenen Holzes geschmolzen und mit der Wasserkraft der Rulle gepocht und gehämmert werden konnten. Das ortstypische Handwerk fand seinen Niederschlag in der berühmten Sage vom »Schmied von Ruhla«, der den inkognito bei ihm Quartier suchenden Landgrafen erkannte und dem zu nachsichtig regierenden die Worte mit auf den Weg gab: »Landgraf werde hart, hart wie dieses Eisen!«.

Jahrhundertelang war das Schmieden von Schwertern und anderen Hieb- und Stichwaffen das charakteristische Handwerk in der Ruhl, bis mit der raschen Verbreitung von Feuerwaffen im 16. Jh. der Bedarf an traditionellen Artikeln des Faustrechts drastisch sank. Die Ruhlaer Schmiede stellten erfolgreich auf Messerfabrikation um, was ihr Gewerbe für weitere zweihundert Jahre in Blüte hielt (im Jahre 1630 zählte man z. B. 500 Messerschmiede!), bis Mitte des 18. Jh. starke Konkurrenz und ein preußisches Importverbot zur Erschließung neuer Erwerbsquellen zwang.

Weitsichtig erkannten die Rühler die Bedeutung des zunehmend in Mode kommenden Tabakrauchens, verlegten sich flugs auf die Pfeifenherstellung – und Ruhla war binnen kurzem die »Pfeifenmetropole der ganzen Welt«! Schon früh spezialisierten sie sich neben den hölzernen und vor allem den prächtig bemalten Porzellanpfeifenköpfen auf Meerschaum, der aus der Türkei importiert wurde, wobei auch die Herstellung »unächten« Meerschaums aus Abfällen des echten gelang, so dass zudem preiswerte Artikel aus dem kostbaren, feinkristallinen Material auf den Markt geworfen werden konnten. So wurde Ruhla für »über ein halbes Jahrhundert der einzige Ort des Erdbodens, der conkurrenzlos Meerschaumpeifenköpfe fabricirte«.

Der dies in seinem einflussreichen Rennsteigbuch von 1862 schrieb, war Alexander Ziegler, Pfeifenfabrikant und Reiseschriftsteller, den seine Geschäftsinteressen um den ganzen Erdball geführt hatten. »Der Türke wie Eskimo, der Irokese wie Chinese, der Russe wie der Indianer, ganz Europa, alles qualmte aus Rühler Pfeifen.« Am bekanntesten wurde übrigens Zieglers zweibändiges Werk »Meine Reise im Orient« von 1855, das auch Karl May studierte.

Steigender Zigarren- und Zigarettenkonsum führte neben stärker aufkommender Konkurrenz um 1870 zu einem empfindlichen Rückgang der Pfeifenindustrie, was zu erneuter Umstellung zwang. Und wieder gelang dem Ruhlaer Gewerbefleiß innerhalb weniger Jahre ein Aufschwung zur Weltgeltung, diesmal mit der Produktion von Taschenuhren! Die »Rühler Kartoffeln«, wie sie wegen ihrer Form genannt wurden, überzeugten durch Preis und Qualität bald derart, dass Ruhla rasch zur weltbekannten Uhrenstadt aufstieg. Schon früh wurde auf Arbeitsteilung und Massenproduktion gesetzt, so dass die Ruhlaer Chronometer um 1900 als die »preiswertesten genau gehenden Uhren der Welt« galten!

Die Uhrenproduktion hat den Ruhlaern mit dem bedeutendsten Herstellungsbetrieb der DDR auch bis zur Wende Arbeit und Brot beschert. Ein anderer aus der früheren Kleineisenproduktion hervorgegangener Industriezweig war seit Beginn des 20. Jh. die Fahrzeugteileproduktion, zuletzt als VEB »Fahrzeugelektrik Ruhla« (FER), mit deren Autoscheinwerfern und Hupen jeder Trabi und Wartburg ausgerüstet war.

Das gehört heute alles der Vergangenheit an. Was genau werden wird, ist noch unklar, aber bei dem traditionellen Erfindungsreichtum der Rühler muss einem um sie nicht bange sein. Eine gewisse Berühmtheit über den engeren Umkreis hinaus haben sie schon jetzt durch den Miniaturenpark »Klein Thüringen« gewonnen, der im Rahmen einer ABM-Maßnahme entstand. Dabei wurde das in Jahrhunderten gewachsene handwerkliche Geschick der Bewohner des Erbstromtals für die Schaffung touristischer Werte eingesetzt und detailgetreue Modelle der bedeutendsten kulturhistorischen Bauten Thüringens in eine 18 000 Quadratmeter große Parklandschaft gestellt. Diese wurde mit ihren Wiesen, Teichen, Bächen, Wasserfällen genauso von den ABM-Kräften selbst geschaffen wie jedes der kleinen Bauwerke. So wurden allein für das Schloss Wilhelmsburg 64 000 kleine Dachziegel von Hand geformt …

Wo Luther man gefangen nahm

Der Rennsteig bei Bad Liebenstein

Fürstlicher Landschaftspark, Rennsteig-Sphinx, Jagdschlösschen des Theaterherzogs – dies ist eine facettenreiche Wanderung zu theatralischen Schauplätzen, dessen bedeutendster jene Stelle ist, an der Luther 1521 zum Schein gefangen genommen wurde.

DIE WANDERUNG IN KÜRZE

++ Anspruch

5 Std. Gehzeit

19 km Länge

Charakter: Mittelschwer: keine allzu langen Anstiege, durchweg gute Wege

Wanderkarte: Fritsch Wanderkarte 1: 50 000, Blatt 45, Westlicher Thüringer Wald und Vordere Rhön

Einkehrmöglichkeiten: Forsthaus Kissel, Glasbachswiese (Imbiss), Schloss Altenstein

Anfahrt: A 4 bis Eisenach-Ost, B 7 bis Wutha, B 88 bis Thal, Landstraße über Ruhla nach Bad Liebenstein, kurz vor dem Ort Abzweig rechts zum Schloss Altenstein

Vom Parkplatz beim **Schloss Altenstein** betreten Sie den Park durch das Tor der halbkreisförmig angeordneten Gebäudegruppe des klassizistischen Hofmarschallamtes von 1803/04 und gehen auf das Schloss zu. Kurz unterhalb der rechten Ecke des Gebäudes geht die Route rechts auf dem »Wasserfallweg« weiter. Zuvor gehen Sie aber noch das kurze Stück zur voraus liegenden **Ritterkapelle,** die 1799, romantischer Mode entsprechend, malerisch auf ein neben Mauerresten der alten Burg aufragendes Riffmassiv gebaut wurde und Aussicht über das Werratal bis zur Rhön gewährt.

Zurück am genannten Abzweig wandern Sie auf dem die Höhe zunächst haltenden »Wasserfallweg« weiter, der dann durch den Wald hinab zum **Luisenthaler Wasserfall** führt. Der ebenfalls 1799 an einem Granitmassiv angelegte Teich mit künstlichem Wasserfällchen wurde seinerzeit natürlich von Schwänen belebt, ringsum weidende Angoraziegen komplettierten das herzogliche Provinz-Disneyland, zu dem noch die etwas oberhalb gelegene Sennhütte im Schweizer Stil gehörte.

Gehen Sie nun über den Damm und links Richtung Kissel, am Waldausgang links hinunter und dann an den Sportanlagen rechts, auf dem oberen der beiden Wege (Markierung grüner Balken). Sie wandern auf einer schönen alten Allee, durch die einst die Equipagen rumpelten, dann geht es im Wald gleich links, weiter auf dem Hauptweg, der später den Schweinaer Grund kreuzt und durch den Wald ansteigt.

An einer Gabelung gehen Sie links sacht hinab in den stillen Silbergrund, dem der Weg nun in mählicher Steigung folgt. An einer Wegekreuzung gehen Sie geradeaus weiter, bis Sie, immer auf dem Hauptweg bleibend, die Zufahrtsstraße zum rechts oberhalb gelegenen **Forsthaus Kissel** (2 Std.) erreichen. Das schöne alte Jagd-»Schlösschen« aus dem 19. Jh. sah oft den als »Theater-Herzog« bekannt gewordenen Georg II. von Meiningen über Entwürfen für die Kostüme und Bühnenbilder seiner »Meininger« brüten – und später die Stasi über finsteren Plänen, hatte sie doch hier eine konspirative Wohnung! Im benachbarten Waldhotel finden heute lärmgeplagte Stadtmenschen ein stilles Quartier.

An der Ecke zwischen Jagdhaus und Hotel führt ein Pfad in direkter Linie steil hinauf auf die Kuppe (gemächlicher, aber länger, ginge es oberhalb des Hotels entlang und später links), von wo Sie eine phantastische Aussicht über das Werratal zur Vulkankegel-Landschaft der Rhön genießen können. Nun wandern Sie knapp 2 km immer geradeaus, zum Schluss auf dem »Sallmannshausener Rennsteig« (Markierung »S«) bis zum **Ruhlaer Häuschen** (2.30 Std.), wo Sie auf den ›eigentlichen‹ **Rennsteig** treffen. Der »Sallmannshausener« oder »Junckersche« Rennsteig ist die 1703 beschriebene Originalroute des Höhenweges von hier zur Werra (über die heutige Wegführung s. S. 11).

Vor der Einmündung auf den Rennsteig empfiehlt sich bei gutem Wetter ein Abstecher nach links zur nahen **Ottowaldwiese,** von der eine herrliche Aussicht zur Wartburg und über die gesamte Rennsteigstrecke bis zum Ausgangspunkt Hörschel (Autobahnbrücke) besteht.

Zurück am **Ruhlaer Häuschen** folgen Sie dem Rennsteig nach rechts über den **Glöckner** und die Straßenkreuzung **Glasbachswiese** (3.45 Std.) bis zum Abzweig des Gerbersteinaufstiegs **An der Walper** (s. s. 25). Hier folgen Sie nach rechts dem Abstecher zu den Grundmauern der »Capella in Glasebach« und setzen den Weg noch ein Stück weiter bergab fort, um dann auf dem breiten Weg nach links weiterzuwandern. An der größeren Wegekreuzung gehen Sie rechts Richtung Lutherdenkmal (Schild linker Hand etwas verdeckt), und nun immer geradeaus, schließlich auf asphaltiertem Fahrweg recht steil bergab. Unten im Talgrund treffen Sie schließlich auf das **Lutherdenkmal** von 1858 (4.15 Std.).

Luther wurde übrigens nicht hier gefangengenommen, sondern ein Stück weiter auf unserem Weg, der gleich durch ein schmales Waldstück zur heutigen Straße führt. Noch davor mündet am Parkplatz von rechts ein Hohlweg ein: die alte »Schweinaer Straße«, auf welcher Luthers Wa-

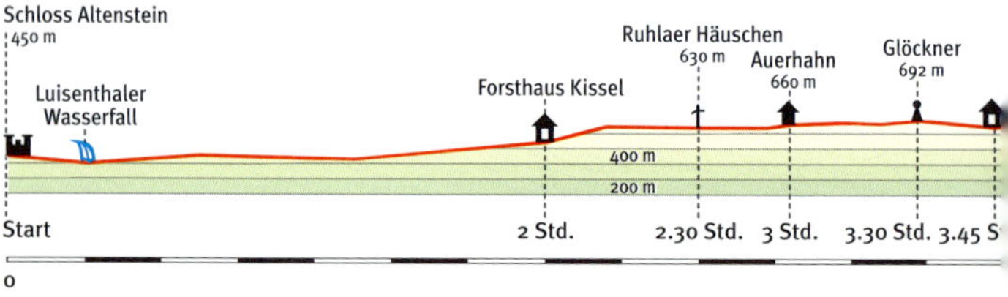

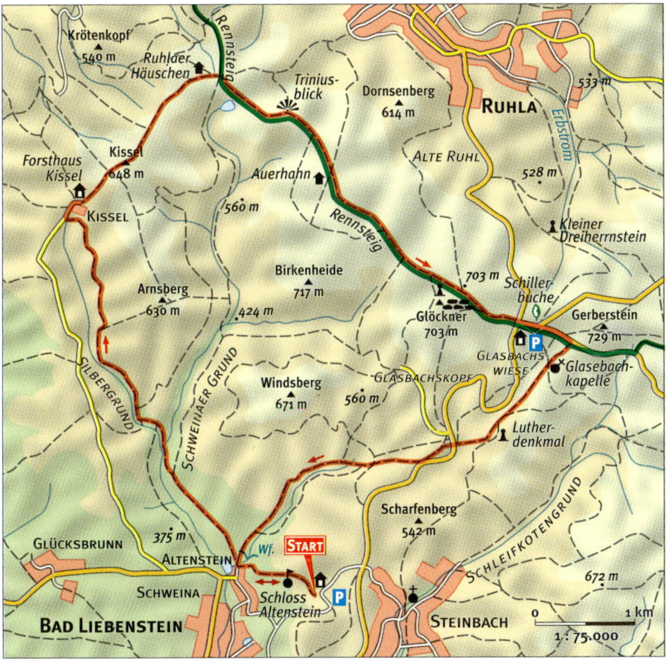

gen übers Gebirge wollte. Etwa 100 m oberhalb unseres Standortes soll er angehalten und zur Täuschung seines Bruders und des Kutschers in das Seitental verschleppt worden sein, wo ihm am Brunnen der Sinn des Handstreichs eröffnet wurde. Den hatte Luther wohl geahnt, denn eine Woche zuvor hatte er an Lucas Cranach geschrieben, dass er sich »eintun und verbergen« lassen wolle, »weiß selb noch nicht, wo«. Man ritt nun zunächst ostwärts, legte falsche Fährten und wandte sich bei Einbruch der Nacht nach Westen, um wahrscheinlich über den Rennsteig (so eine Chronik von 1613) und den landgräflichen Kurierpfad (s. Tour 3, S. 92) zur Wartburg zu gelangen.

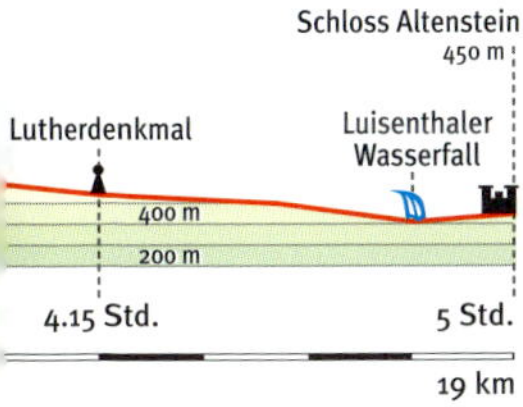

Wir kreuzen die nahe Straße schräg nach links versetzt in die »Sandhohle« und folgen dort dem nach links bergab führenden Weg Richtung Luisenthaler Wasserfall. Gehen Sie immer geradeaus, einmal die Straße berührend. Im Tal treffen Sie dann auf ein Wegedreieck, wo Sie weiter talabwärts Richtung Wasserfall gehen, bis sich am **Luisenthaler Wasserfall** der Kreis dieser Wanderung schließt. Auf bekanntem Wege kehren Sie von dort zum **Schloss Altenstein** zurück (5 Std.).

Schloss Altenstein

Auf einem vor Jahrmillionen vom Urmeer umspülten Zechsteinriff wurde die um 1120 erstmals erwähnte »Burg Stein« erbaut und später im Unterschied zur mittlerweile in der Nähe errichteten neuen Burg Liebenstein »Altenstein« genannt. Sie wurde im Bauernkrieg schwer beschädigt, der Neubau 1733 durch Brand zerstört. Das danach erbaute Schloss hat eine denkwürdige Baugeschichte: Der Bauherr, Herzog Anton Ulrich von Meiningen, kümmerte sich nicht persönlich um den Bau, sondern besichtigte das Schloss erst, nachdem es 1736 fertiggestellt war. Erbost stellte er fest, dass Baumeister Rossini die Front vom Werratal abgekehrt hatte – woraufhin er nie mehr einen Fuß auf den Altenstein setzte! Sechzig Jahre später erst kam die Bauidee zu Ehren, als es nach der Französischen Revolution den fürstlichen Herrschaften ganz angenehm war, ihrem Land den Rücken zuzukehren, um sich in die Traumwelt eines mit romantischen Bauten ausstaffierten Parks zu verlieren. Dieser wurde hier 1799 angelegt, 1888/89 wurde das Schloss im Stil der englischen Renaissance (Tudor) umgebaut. Ab 1948 war es Erholungsheim der Thüringer Handwerkerkammer, brannte 1982 aus, wurde äußerlich restauriert und wird wohl in einiger Zukunft wieder zugänglich gemacht werden.

Das Lutherdenkmal

Nach der kühnen Rechtfertigung seiner reformatorischen Thesen vor Kaiser und Fürsten auf dem Wormser Reichstag im April 1521 war Martin Luther mit der Reichsacht belegt worden, hatte aber noch eine Schonfrist von 20 Tagen für die Rückkehr nach Wittenberg erhalten. Sein Landesherr, der – katholische! – Kurfürst Friedrich »der Weise« von Sachsen war dennoch in Sorge um das Leben des Reformators und ließ ihn in einer Nacht- und Nebelaktion in Sicherheit bringen: Als sich Luther am Spätnachmittag des 4. Mai 1521 anschickte, den Thüringer Wald von Süden her zu überqueren, sprengten »1/4 Meil überm Altenstein ufr Landstraß nach Winterstein« zwei Ritter mit geschlossenem Visier in Begleitung dreier Knechte aus dem Dickicht, rissen den Doktor aus dem Wagen, in dem er mit seinem Bruder reiste, hoben ihn auf ein Pferd und jagten davon. Einer der beiden Ritter war Hans von Berlepsch, Schlosshauptmann der Wartburg, wohin der Reformator heimlich in Sicherheit gebracht wurde. An dem Brunnen, an dem sich die ›Entführer‹ zu erkennen gaben, wurde 1858 das Lutherdenkmal errichtet.

Rennweg und Rennsteig

Von Brotterode auf den Inselsberg

Der Breitunger Rennweg, der »kleine Bruder des Rennsteigs«, trifft beim Dreiherrnstein auf dem Großen Weißenberg auf den großen Rennsteig, der uns auf den Großen Inselsberg führt, den prominentesten Gipfel des Thüringer Waldes.

DIE WANDERUNG IN KÜRZE

+++ Anspruch

4.15 Std. Gehzeit

15 km Länge

Charakter: Nur wegen des langen Aufstiegs eine eher anspruchsvolle Wanderung auf meist guten Wegen

Wanderkarte: Fritsch Wanderkarte 1: 50000, Blatt 45, Westlicher Thüringer Wald und Vordere Rhön

Einkehrmöglichkeiten: Waldschlösschen, Waldschänke Dreiherrnstein (Do Ruhetag), Inselsberg, Brotterode

Anfahrt: A 4 bis Waltershausen, dann Landstraße über Cabarz und Inselsberg (Grenzwiese) nach Brotterode

Ausgangspunkt in **Brotterode** ist die Kreuzung unterhalb der Kirche, wo Sie der Straße Richtung Meiningen/Bad Salzungen folgen. Gegen Ortsende biegen Sie rechts in die Straße Schüllbach Richtung Waldschlösschen ab, die Sie in der Rechtskurve dann auf dem Weg geradeaus steil ansteigend verlassen (Markierung gelber Balken). Oben gehen Sie im Linksbogen um die Wiese und dann an der Gabelung des Fahrweges rechts, wo der gelber Balken gleich rechts auf den in den Wald ansteigenden Pfad abbiegt. Jetzt heißt es immer schön geradeaus bergauf, bis Sie nach etwa 300 m den Wegestern an einer Schutzhütte erreichen: Hier gehen Sie halblinks Richtung Waldschlösschen und durch dunklen Fichtenwald hinab ins **Gehegswassertal.**

Unten an der T-Gabelung gehen Sie rechts, durch die Linkskurve und in der folgenden Rechtskurve links ab (Schilder verdeckt links unterhalb am Baum), dann gleich rechts. Schon bald taucht linker Hand das **Café und Hotel Waldschlösschen** (45 Min.) auf, zu dem Sie auf dem Damm zwischen den beiden Teichen hinübergehen.

Unmittelbar gegenüber – an der Scheune – führt der Wanderweg Richtung Rennweg u. a. in direkter Linie durch die Wiese bergauf und oben in den Wald. Immer geradeaus ansteigend erreichen Sie die Kammhöhe bei der Wegekreuzung am **Kleefleck** (Schutzhütte). Hier stoßen Sie auf den **Breitunger Rennweg** dem Sie nun nach rechts Richtung Dreiherrnstein folgen (Markierung grüner Balken).

Der Inselsberg im Winter

Vor allem ab dem **Rennwegskopf** (1.20 Std.) erkennt man gut den Kamm- und Grenzwegcharakter, wenn eine Galerie alter Marksteine der einstigen Grenze zwischen Kurhessen (KH) und Sachsen-Meiningen (SM) uns begleitet.

Der Rennweg kreuzt schließlich die Straße nach Brotterode und erreicht nach kurzem Anstieg den **Dreiherrnstein auf dem Großen Weißenberg** (2 Std.;), wo der **Rennsteig** als alte Grenzlinie zwischen Sachsen-Meiningen und Sachsen-Gotha (SG) von links auf die von uns verfolgte Grenze trifft.

Vor der Waldschänke steht das **Scheffeldenkmal,** an dem der Rennsteig links vorbeizieht, dem Sie nun über Großen Weißenberg und **Zigeunerkopf** zur **Brotteroder Schutzhütte** (2.30 Std.) folgen. 300 m dahinter beginnt der Aufstieg auf den **Großen Inselsberg** (3.30 Std.; s. S. 30).

Für den Abstieg nach Brotterode folgen Sie unterhalb des Gasthofs Stöhr der gepflasterten Zufahrtsstraße nach rechts und steigen in der Linkskurve den Stufenweg hinab (Markierung roter Balken).

Durch schönen Bergwald wandern Sie immer geradeaus talwärts. Am Wegestern nach 1 km führt unser Wanderweg halblinks weiter bergab. Am Waldrand dann öffnet sich ein herrlicher Blick über den Brotteroder Kessel, jenseits des Ortes ist die Sprungschanze zu sehen. Dieses Bild können Sie in Muße auf sich wirken lassen, während Sie über den weiten Wiesenplan nach **Brotterode** (4.15 Std.) wandern. Halten Sie auf den Kirchturm zu, wobei Sie auf die Reihe großer Bäume halbrechts voraus zugehen und dann am Friedhof vorbei zur Kirche, dahinter rechts und schließlich die Stufen hinunter zu der Kreuzung, an welcher die Wanderung begann.

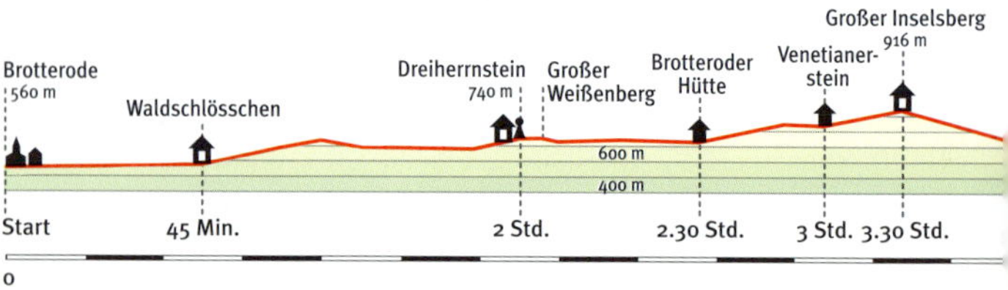

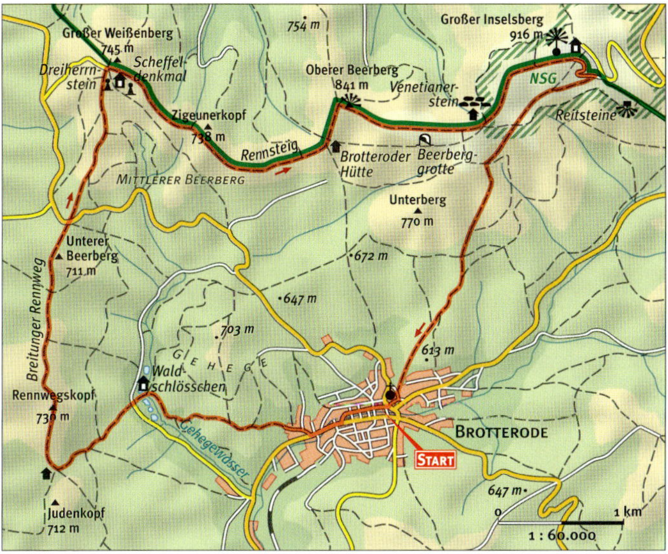

Brotterode

Der in einem fruchtbaren Talkessel gelegene Ort gehört zu den ältesten Siedlungen des Thüringer Waldes. Als die Eisenerzlager sich erschöpften, wurden die Bergleute Kleineisenschmiede, die Messer, Ringe und Schnallen herstellten. Die sonnige Lage erlaubte auch den Anbau von »Brotteroder Kneller«, einem Pfeifentabak, dessen Name auf ein eher zweifelhaftes, akustisch untermaltes Rauchvergnügen schließen lässt.

Buchstäblich in Rauch löste sich Brotterode an einem Hochsommertag des Jahres 1895 auf, als 90% der Häuser einem Großbrand zum Opfer fielen. Der Wiederaufbau gelang innerhalb von nur fünf Jahren, wobei Belange des Fremdenverkehrs schon mitberücksichtigt wurden. Heute ist Brotterode vor allem ein Wintersportzentrum (Großsprungschanze, Eisstadion, Skilift).

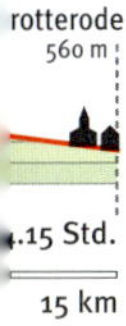

Der Breitunger Rennweg

In seiner ersten urkundlichen Erwähnung 1589 wird auch dieser 16 km lange Kamm- und Grenzweg als »Rinnsteig« bezeichnet, doch setzte sich schon bald der Name »Rennweg« durch, im örtlichen Umkreis der »Liebensteiner«, im Zuge der Rennsteigforschung dann der »Breitunger« oder »Brücknersche Rennweg« genannt, denn Georg Brückner hatte ihn im 19. Jh. für die Rennsteigforschung entdeckt, und bei Breitungen an der Werra endet er.

Gickelhahnsprung und Hexenbank

Von Tabarz auf den Großen Inselsberg

Tiefe Talgründe und aussichtsreiche Felskanzeln – zwischen diesen Extremen bewegt sich die Wanderung auf den prominentesten Gipfel des Thüringer Waldes. Auch vom Gickelhahnsprung nehmen wir noch eindrucksvolle Ausblicke mit.

DIE WANDERUNG IN KÜRZE

+++ Anspruch

6 Std. Gehzeit

19 km Länge

Charakter: Langer Anstieg im ersten Teil der Tour, die fast durchweg auf guten Wegen verläuft, aber hier und da etwas Trittsicherheit erfordert

Wanderkarte: Fritsch Wanderkarte 1: 50000, Blatt 45, Westlicher Thüringer Wald und Vordere Rhön

Einkehrmöglichkeiten: Lauchagrund, Grenzwiese, Inselsberg, Tanzbuche, Tabarz

Anfahrt: A 4 bis Waltershausen, dann Landstraße nach Tabarz

Ausgangspunkt ist das Ende der Lauchagrundstraße am südlichen Ortsrand von **Tabarz.** Gehen Sie dort an der Gabelung rechts Richtung Schweizerhaus. Hinter diesem Gasthof kommen Sie am **Lutherbrunnen** vorbei, der 1883 zum 400. Geburtstag des Reformators gefasst wurde. Wandern Sie nun immer geradeaus in den Lauchagrund hinein.

Bei dem Wanderrastplatz dann marschieren Sie rechts Richtung Großer Inselsberg ins lauschige **Felsental** (30 Min.; gelbes Quadrat). Nun beginnt der Aufstieg, vom Murmeln des Bachlaufs und dem typischen Gestein des Rotliegenden rechts und links des Weges begleitet.

An der ersten Gabelung gehen Sie rechts herum, an der nächsten links und an der gleich folgenden geradeaus. Geradeaus dann auch am We-

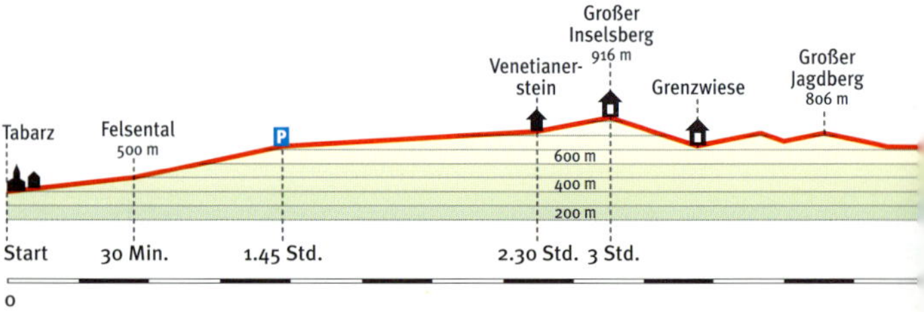

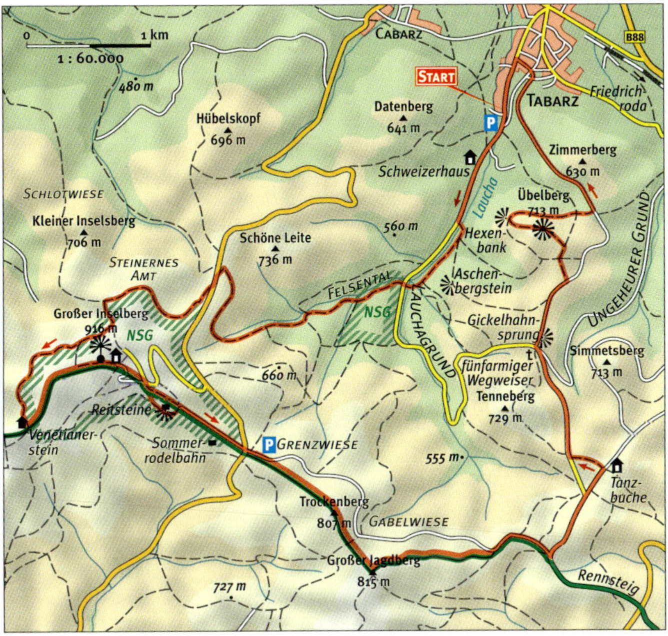

gedreieck Richtung Winterstein (nun grüner Balken).

Abkürzung: Wer sich – z.B. bei schlechtem Wetter – den Aufstieg auf den Inselsberg schenken will, folgt hier links weiter dem gelben Quadrat. Der Weg kommt am Parkplatz Grenzwiese heraus, an dessen linker Ecke Sie auf den Rennsteig treffen, der hier vom Fahrweg zum Aufstieg auf den Trockenberg abzweigt.

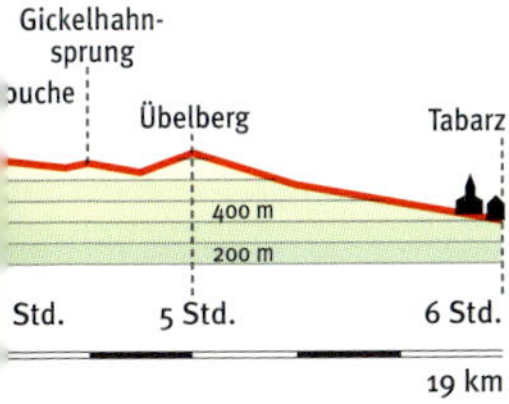

Der »grüne Balken« steigt auf der linken Talseite bald ziemlich steil bergan. Oben folgen wir ihm an der T-Gabelung nach rechts durch die Kurve und können uns jetzt auf einem schönen Hangweg ausruhen, von dem sich gelegentliche Ausblicke über die durchwanderte Tallandschaft bieten.

Wir kreuzen schließlich die von Tabarz auf den Inselsberg führende Straße und biegen drüben gleich links auf den Pfad mit der Markierung gelber Punkt ab. Am **Liftparkplatz** (1.45 Std.) erreichen wir eine dreifache Wegegabelung und folgen halbrechts dem mittleren Weg (Grauer Weg) Richtung Venetianerstein.

Abkürzung: Eine direktere Aufstiegsroute bietet der linke Weg (gelbes Quadrat), der zunächst parallel der Straße verläuft und dann ohne größere Umschweife auf den Gipfel hinaufführt.

Der Graue Weg führt – die Höhe haltend – um die Nordflanke des Großen Inselsberges herum und erreicht beim **Venetianerstein** (2.30 Std.) den **Rennsteig.** Diesem folgen wir nun nach links steil hinauf auf den Gipel des **Großen Inselsberges** (3 Std.; s. S. 30).

Vom Gipfel aus führt der Rennsteig unterhalb des Berggasthofes Stöhr auf dem Stufenweg hinab und zweigt dann am unteren Ende des Parkplatzes halbrechts ab. Über die **Reitsteine** geht es steil hinab zur **Grenzwiese,** wo die Straße Tabarz–Brotterode gekreuzt wird. An der rechten hinteren Ecke des Parkplatzes folgen Sie halbrechts dem Rennsteig zum **Trockenberg** und über den **Großen Jagdberg** bis zum Abzweig zur Tanzbuche (4 Std.). Hier biegen wir vom Rennsteig nach links ab und erreichen in einer Viertelstunde das beliebte Ausflugslokal **Tanzbuche.** Der Wanderwegweiser dort zeigt unseren Weiterweg nach links Richtung Ungeheurer Grund u.a. an, Markierung gelbes Quadrat.

Sie treffen bald auf einen asphaltierten Fahrweg und folgen ihm nach rechts hinab in den Wald bis zur Wegekreuzung am **Fünfarmigen Wegweiser.** Hier gehen Sie nach rechts und sofort links Richtung Gickelhahnsprung – und stehen dann gleich vor dem eisernen Treppensteig, der auf die Porphyrklippe des **Gickelhahnsprungs** (4.40 Std.) führt. Nicht nur der kurze Aufstieg, auch der Blick in den Ungeheueren Grund ist atemberaubend …

Wir steigen nun auf dem linken der beiden weiterführenden Pfade bergan und erreichen oben einen Forstfahrweg, dem wir nach rechts folgen. Bevor der Weg dann steiler hinabführt, biegen wir links auf den grasigen Weg Richtung Übelberg-Kammweg ab (Markierung 1).

Vorne an der Gabelung steigen wir halbrechts bergan, oben links und dann bald rechts über Stufen auf den Gipfel des **Übelberges** (5 Std.). Von der ersten Felskanzel rechts bietet sich ein prächtiger Blick über Tabarz ins Thüringer Becken, von den hinteren Klippen über die durchwanderten Talschluchten zum Inselsberg.

Wir beginnen nun den Abstieg auf dem am Klippenkamm entlang abwärts führenden Ebereschen-Pfad und steigen an den aufregenden Felsen der **Hexenbank** vorbei im Zickzack steil bergab. Ein schöner Hangweg führt uns an der Bergflanke entlang, bis wir einen breiten Fahrweg erreichen (Schutzhütte), dem wir nun links bergab folgen.

An der Gabelung unmittelbar vor Tabarz gehen Sie halblinks bergab, linker Hand, etwas unterhalb des Weges, liegt dann schon der kleine **Steinpark** (Abkürzungspfad), wo in Beton gefaßt 23 typische Gesteinsarten des Thüringer Waldes vorgestellt werden. Eine Infotafel erläutert die Hebungsvorgänge des Gebirges – und auch, um wieviel höher es vor Urzeiten einmal war.

Folgen Sie nun dem Weg oberhalb der Lauchagrundstraße nach links und dann auf dieser zurück zum Ausgangspunkt der Wanderung am Rande von **Tabarz** (6 Std.).

Vom Kühlen Tal zum Spitterfall

Von Friedrichroda zum Rennsteig

Zwischen Heuberg und Ebertswiese folgen wir »Thüringens heiligem Höhenpfad« und suchen zum Schluss den Dreiherrnstein. Der Abstieg führt am höchsten natürlichen Wasserfall Thüringens vorüber; und am Ende kann man ganz zu Recht »Gottlob!« ausrufen.

DIE WANDERUNG IN KÜRZE

+++ Anspruch

7 Std. Gehzeit

24 km Länge

Charakter: Lange Wanderung auf überwiegend guten Wegen ohne allzu steile Anstiege

Wanderkarte: Fritsch Wanderkarte 1:50000, Blatt 45, Westlicher Thüringer Wald und Vordere Rhön

Einkehrmöglichkeiten: Heuberghaus, Spießberghaus, Berggasthof Ebertswiese, Vierpfennighaus, Finsterbergen, Friedrichroda

Anfahrt: A 4 bis Waltershausen, dann Landstraße nach Friedrichroda

Aus der Ortsmitte von **Friedrichroda** folgen Sie der Schmalkaldener Straße gebirgswärts ins Kühle Tal. Hinter der gleichnamigen Gaststätte markiert rechts an der Bushaltestelle eine Infotafel den Beginn des »Naturlehrpfades Kühles Tal« (Markierung »Igel«). Rechts der Straße liegt gleich der **Kalte Markt,** ein übrig gebliebener Bleichrasen, der zusammen mit dem Bachlauf und einer Häuserzeile noch eine gewisse Vorstellung von den einst ortstypischen Verhältnissen gibt.

Der Wanderweg folgt zunächst weiter der Straße. Hinter der Pension Schauenburgmühle überqueren Sie dann nach rechts den Bach und folgen dort am **Andreasbrunnen** nach links der Markierung grünes Dreieck. Sie führt wenig später an der Gabelung links zum Bach hinunter, den Sie über den Holzsteg kreuzen. **Achtung:** Hinter der Einmündung des von rechts kommenden Kesselbachtals gehen wir halbrechts und dann geradeaus bergan Richtung Kühles Tal, Heuberg u.a.

Oben gehen wir am Rande eines Hohlweges weiter bergan, schließlich parallel zur Straße, die am **Parkplatz Thomasfleck** schräg nach halblinks voraus gekreuzt wird (nun auch Markierung grüner Schrägbalken).

Nach Überqueren des Bachlaufs setzen wir unseren Aufstieg auf den Kamm des Thüringer Waldes rechts bergan fort. Der gut markierte Wanderweg berührt einmal fast die Straße, hält sich aber weiter links von ihr und erreicht schließlich die Passhöhe beim **Heuberghaus** (1.20 Std.), wo wir auf den **Rennsteig** treffen (s. S. 28). (Tipp: Wer eine ruhigere Einkehrstation bevorzugt, geht noch bis zum Spießberghaus weiter.)

Dem Rennsteig folgen Sie nach links auf – und bald neben – dem asphaltierten Fahrweg. In der Linkskurve führt der Rennsteig geradeaus als Waldweg weiter (Markierung »R«), wir aber folgen hier dem Fahrweg zum nahen **Spießberghaus** (1.45 Std.; Biergarten).

Der Weiterweg führt oberhalb der Wiese an den Gebäuden vorbei. In der Linkskurve des Hauptweges gehen Sie geradeaus und folgen an Abzweigen dem Hauptweg, der Sie wieder zurück zum Rennsteig führt. Ihm folgen Sie dann nach links hinab zum Passsattel **Am (Possenröder) Kreuz** (2.15 Std.; Rastplatz, Schutzhütte).

Der Rennsteig führt nun über **Unteren Pirschhauskopf** und **Gleichisch Gehäu** zum **Dreiherrnstein am Hangweg** (3.15 Std.), wo er nach links abbiegt. Aber wo ist der Dreiherrnstein? Ist es einer der vier alten Grenzsteine, die an der Ecke stehen? In Wirklichkeit ist keiner von ihnen ein Dreiherrnstein, keiner hat nämlich die charakteristische dreiseitige Basis. Tatsächlich ist der echte Dreiherrnstein schon längst verschwunden (s. S. 28). Diese vier Steine sind ein Sammelsurium ursprünglich andernorts gesetzter Steine, die hier deponiert wurden.

Beim Rastplatz Springender Löwe biegt der Rennsteig halbrechts vom Fahrweg ab und kreuzt bald einen weiteren: Wer nicht einkehren will, folgt dem »R« geradeaus zur **Ebertswiese** (3.30 Std.), ansonsten aber gehen Sie rechts kurz hinauf, wo Sie schon den Berggasthof Ebertswiese halblinks liegen sehen.

Gehen Sie dann bis ganz hinunter ans untere Ende der Ebertswiese, wo Sie hinter dem **Spittersteg** nach links vom Rennsteig auf den unmarkierten Waldpfad abbiegen, der beschaulich dem Lauf der jungen Spitter folgt. Ein Wanderweg mit der Markierung gelbes Quadrat kommt von links über den Steg auf unsere Route, wir folgen ihm kurz darauf weiter nach links Richtung Spitterfall. Wir kreuzen den Bach über einen Steg – und stehen schon am oberen Rand des höchsten natürlichen Wasserfalls des Thüringer Waldes.

Ein steiler Abstieg führt zum Fuß des **Spitterfalls** hinab, wobei auf halber Höhe ein Rastplatz zu idyllischer Rast im grünen Dom des Waldes einlädt. In trockenen Hochsommern kann man Pech haben, sonst aber rauscht es mehr oder weniger kräftig die 20 m hohe Steilstufe hinunter. Wandern Sie nun einfach weiter talabwärts durch den Spittergrund (gelbes Quadrat). Hinter dem **Spitterteich** weitet sich das Tal ein wenig zum »waldumrauschten« Wiesengrund.

Achtung hinter der links liegenden Wiese (Schutzhütte) an der Einmündung des Rodebachtals: Hier biegen wir links Richtung Vierpfennighaus ab (Markierung nun grünes Dreieck). Ein wunderschöner Weg führt uns am Rande des verträumten Rodebachgrundes bergan. An der Einmündung in eine asphaltierte Forststraße liegen links die Gräber von zwei jungen Burschen, die während der letzten Kriegswochen hier noch ihr Leben lassen mussten.

Nun auf der Fahrstraße nach rechts weiterwandernd – erstmals kann man einen Blick auf Finsterbergen mit dem traurig-markanten Hotelklotz als Wahrzeichen werfen –, erreichen Sie die Gaststätte **Vierpfennighaus** (5 Std.).

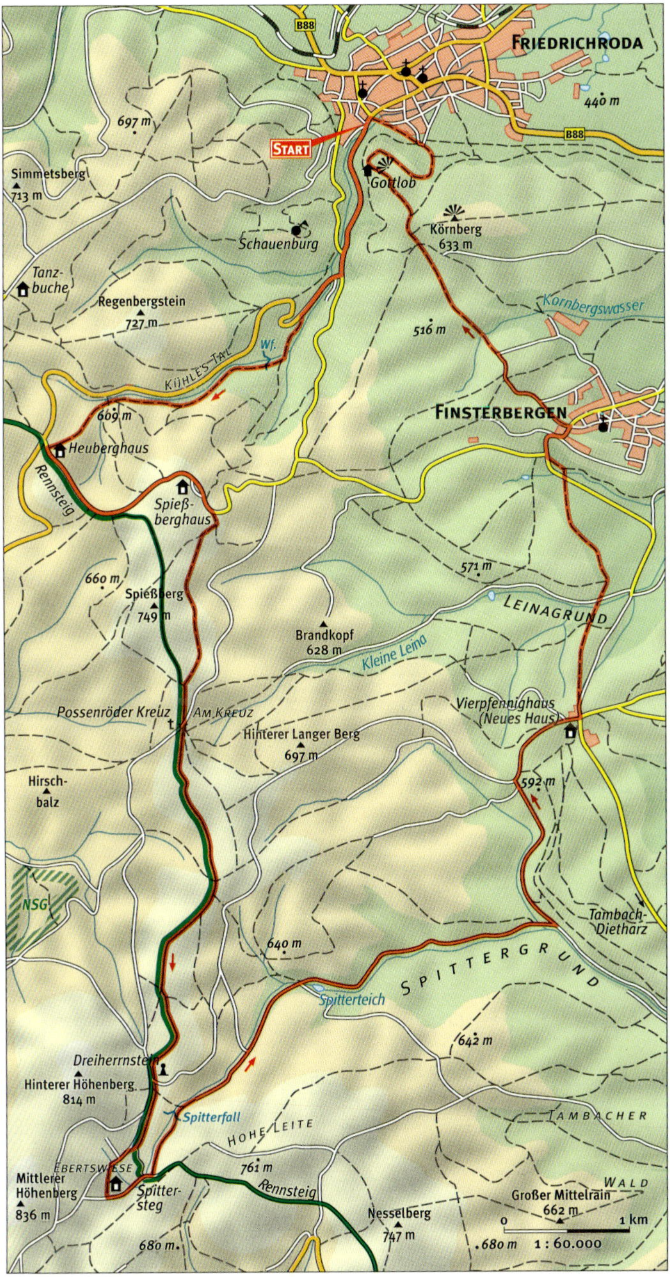

FRIEDRICHRODA
B88
440 m
697 m
START
Simmetsberg
713 m
Gottlob
Körnberg
633 m
Schauenburg
Tanz-
buche
Regenbergstein
727 m
Kornbergswasser
516 m
Wf.
KÜHLES TAL
609 m
FINSTERBERGEN
Heuberghaus
Rennsteig
Spieß-
berghaus
660 m
Spießberg
749 m
571 m
LEINAGRUND
Brandkopf
628 m
Kleine Leina
Possenröder Kreuz
AM KREUZ
Vierpfennighaus
(Neues Haus)
Hinterer Langer Berg
697 m
Hirsch-
balz
592 m
NSG
Tambach-
Dietharz
640 m
SPITTERGRUND
Spitterteich
642 m
Dreiherrnstein
Hinterer Höhenberg
814 m
Spitterfall
TAMBACHER
HOHE LEITE
EBERTSWIESE
761 m
Mittlerer
Höhenberg
836 m
Spitter-
steg
Rennsteig
WALD
Großer Mittelrain
662 m
Nesselberg
747 m
0
1 km
680 m
680 m
1 : 60.000

Die Rodwiese vor Finsterbergen

Hier biegen Sie links Richtung Finsterbergen ab (Markierung gelbes Quadrat u.a.). 50 m hinter dem Gebäude biegt der Wanderpfad halblinks vom Hauptweg ab und steigt am Rande der Wiese in den **Leinagrund** hinab, den wir »durch dunklen Tann« immer geradeaus absteigend bei der **Sängerbrücke** erreichen (überdachte Sitzgruppe).

Dort kreuzen Sie den Forstweg und steigen (Markierung grünes Quadrat) Richtung Finsterbergen u.a. kurz an, um dann immer geradeaus durch den Wald zu wandern. Bald sehen Sie das Hotel Finsterbergen über den Wipfeln auftauchen, rechts die Klippe der Hainfelsen.

Entlang schöner alter Eschen wandern Sie über die Rodwiesen und folgen dann dem Fahrweg links nach **Finsterbergen** (5.30 Std.). In der Rechtskurve hinter dem Ortseingang biegen Sie links ab Richtung Spießberg (gelber und grüner Punkt), und marschieren immer geradeaus aus dem Ort, nun wieder über einen schönen Wiesenplan.

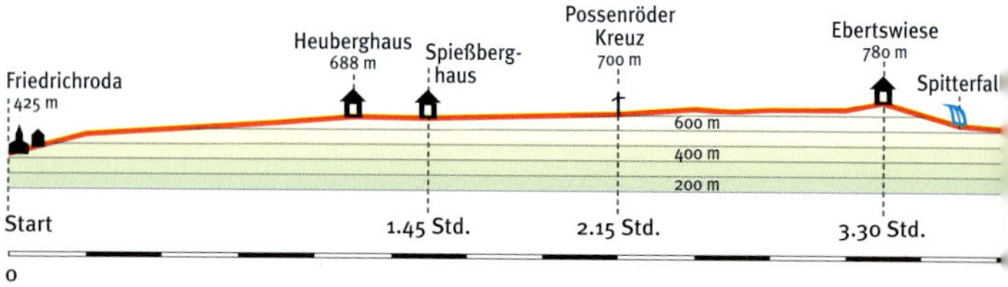

In der Linkskurve des Fahrweges führt unser Wanderweg geradeaus weiter. An der Waldecke dann folgen wir dem grünen Punkt nach rechts (»Kleiner Rundwanderweg«) und wandern immer am Waldrand entlang und in den Wiesengrund hinab. Dort folgen Sie dem Weg nach links, an der Gabelung dann halbrechts, am Rand der Wiese entlang und an deren Ende dann im Rechtsbogen weiter auf dem geschotterten Weg.

An der Wegekreuzung im Wald gehen Sie links zunächst kurz bergan (Markierungen grünes Quadrat u. a.) und bleiben bei den nächsten Abzweigen immer geradeaus auf dem Hauptweg.

Geradeaus geht es dann auch am Wegestern auf der Kuppe weiter (grünes Quadrat). Der schöne Hangweg führt um den Gipfel des Kornberges herum, dahinter auf dem Hauptweg bleiben, Markierung gelber Balken. Durch die Bäume ist schon Friedrichroda zu sehen.

An der Wegekreuzung gehen Sie dann links um die Gipfelkuppe des Gottlob herum und erreichen bald den **Gottlobtempel,** eine achteckige Holzhütte bei einem Aussichtsfelsen, von dem sich ein prächtiger Blick auf Friedrichroda und ins Kühle Tal bietet. Der Gipfel halblinks gegenüber trägt die geringen Reste der Schauenburg (1040), der Stammburg des Thüringer Landgrafengeschlechts, die freilich schon 1067 durch den Bau der Wartburg abgelöst wurde. Aus dieser Zeit stammt die Sage, die den Namen des Gottlob erklärt: Ein Vasall Ludwigs des Bärtigen hatte sich in die Tochter des Grafen verliebt und sie sich in ihn. Dem Vater war der Ritter zu arm, aber die beiden ließen sich nicht abweisen, bis Graf Ludwig endlich sagte: »Wenn du mein Töchterlein von der Schauenburg auf Händen durch den Kühlen Grund und auf den Berg dort hinauf trägst, sollst du sie haben.« Der Ritter vollbrachte die Tat und rief »Gottlob!«, als er mit

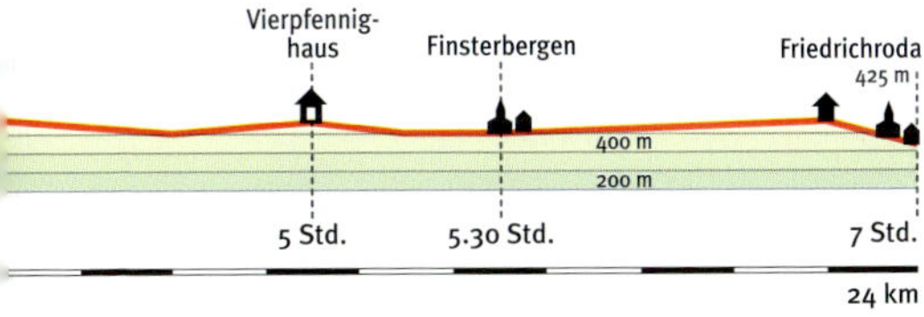

der Braut in Händen den Gipfel erreichte, »endlich ist sie mein!« – fiel um und war tot.

Wir mögen zwar auch von der langen Wanderung ein wenig erschöpft sein, allein, beim Abstieg nach **Friedrichroda** (7 Std.) können wir es laufen lassen und dabei die herrliche Aussicht auf den sonnengesegneten Ort genießen.

Friedrichroda

In punkto Sonnenscheindauer übertrifft Friedrichroda im Sommer Davos und Arosa! Seine Lage hat das Schicksal des Ortes schon vor Jahrhunderten bestimmt, denn hier kümmerte der Bergbau eher, dafür blühte die Garnbleicherei. Schon 1521 wurde das Federvieh aus Friedrichroda verbannt, damit der Bleichrasen sauber bleibe.

Der Siegeszug der billigeren Baumwolle bewirkte nach 1815 einen dramatischen Rückgang des Bleich- und Leinewebergeschäfts. Ersatz für den traditionellen Broterwerb nahte 1837 mit dem ersten Kurgast, einem Verleger, der begeistert die Werbetrommel für den gesunden Aufenthalt in sonniger Waldluft rührte. Der Erfolg: Um 1900 kamen jährlich schon über 10 000 Kurgäste – rege Bautätigkeit hatte mittlerweile das Erscheinungsbild des ärmlichen Dorfes fast ins Mondäne gewandelt –, dem Arbeiter-und-Bauern-Staat gelang eine weitere Verzehnfachung dieser Zahl. Friedrichroda war der meistbesuchte Ferienort des Thüringer Waldes, DDR-weit nur noch von Bad Schandau (Sächsische Schweiz) übertroffen.

Das Spießberghaus

Das Hauptgebäude des heutigen Hotels wurde 1905–08 als fürstliches Jagdschlösschen errichtet und war bis zur Wende FDGB-Ferienheim. Im hinteren Teil der Gaststätte Jägerstube erinnert eine Urkunde an den von Bert Brecht ins Deutsche übersetzten dänischen Arbeiterdichter Martin Andersen Nexö (1869–1954), der in den 1920er Jahren in Deutschland lebte, dann in der Sowjetunion und nach dem Krieg in der DDR. Schon 1905 hatte er die Gegend um Friedrichroda kennen gelernt und später seine Heimatnovelle »Die Puppe« mit den Worten eingeleitet: »So schön wie der Thüringer Wald ist wohl kein anderer Wald dieser Erde.«

Unterhalb des Hauptgebäudes erinnert die Körner-Eiche an den Dichter der Freiheitskriege gegen Napoleon (»Lützows wilde verwegene Jagd«). Theodor Körner (1791– 1813) hatte im Lützowschen Freikorps gekämpft, dessen Farben Schwarz-Rot-Gold von den Burschenschaften übernommen und erstmals in der Weimarer Republik Nationalfarben (der demokratischen Kräfte) wurden.

Im angrenzenden Wald liegt übrigens die sehenswerte Ruine der für die Weltmeisterschaft 1966 gebauten Bobbahn (Nachfolgerin der Bahn von 1909, einer der ältesten Deutschlands). Wegen zu hoher Temperaturen fielen die Wettbewerbe damals buchstäblich ins Wasser, weil das Natureis einfach schmolz, Anlass für den Bau der Kunsteisbahn in Oberhof (1971).

Rund um den Kanzlersgrund

Der Rennsteig bei Oberhof

Die Felskanzeln südlich des Rennsteigs bieten manch atemberaubenden Ausblick, der jeweils in angemessener Proportion zu dem Schweiße steht, mit dem man ihn sich erkauft.

DIE WANDERUNG IN KÜRZE

+++ Anspruch

6.30 Std. Gehzeit

24 km Länge

Charakter: Die Länge und zwei zünftige Aufstiege – z. T. auf schmalem, fast alpinem Bergpfad – machen diese Wanderung recht anspruchsvoll.

Wanderkarte: Fritsch Wanderkarte 1: 50000, Blatt 47, Östlicher Thüringer Wald, Thüringer Schiefergebirge

Einkehrmöglichkeiten: Bergbaude beim Veilchenbrunnen (10–17 Uhr, Di Ruhetag), Wanderhütte auf dem Ruppberg (Sa 9–22, So 9–17 Uhr), Oberschönau, Grenzadler, Oberhof

Anfahrt: A 4 bis Gotha, dann B 247 über Ohrdruf nach Oberhof

Ausgangspunkt der Wanderung ist das Straßendreieck am Hotel Rennsteig im Zentrum von **Oberhof.** Dort folgen Sie der in südlicher Richtung »gebirgswärts« führenden Straße Richtung Schmalkalden, von der Sie beim Haus Wald-Eck links Richtung Stein 16 abbiegen (Markierung grüner Punkt). Geradeaus durch den Wald wandernd kreuzen Sie den **Rennsteig** beim **Stein 16** (20 Min.). Daneben steht der Hessenstein, ein Dreiherrnstein von 1734 (Hessen/Sachsen/Sachsen-Gotha). Früher hieß die Stelle »Dietzel-Geba-Stein«, weil bis Ende des 19. Jh. ein alter Sühnestein an die hier anno 1498 vollzogene Hinrichtung des adeligen Straßenräubers Dietzel von Geba erinnerte.

Auf breitem Weg wandern Sie geradeaus über die Zeller Loibe, bald etwas bergab. Am Wegedreieck beim **Veilchenbrunnen** (1 Std.) gehen Sie halbrechts zum Wegweiser (halblinks 70 m hinab zur Bergbaude) und dort dann geradeaus auf dem Kammweg Richtung Ruppberg u. a. weiter. An der bald folgenden Dreifachgabelung bleiben Sie geradeaus auf dem Hauptweg mit den Markierungen grünes Andreaskreuz (Rennsteig-Dolmar-Weg) und »RR« (Rhön-Rennsteig-Weg).

Achtung dann: Nach 250 m biegt rechts der grasige Weg Richtung Gebrannter Stein ab. An der Gabelung gegen Ende des Anstiegs rechts, und bald erreichen Sie die zerklüfteten Felsgruppen des **Gebrannten Steins** (1.30 Std.). Gegen Ende des Hauptfelsens geht es rechts hinauf zu einer Aussichtsbank (schöner Ausblick in den Kanzlersgrund und zur gegenüberliegenden Rennsteighöhe), links folgen wir dem Pfad hinunter, der uns in gerader Linie zurück zum Weg »RR« u. a. führt, den wir bei der Schutzhütte Gebrannter Stein wieder erreichen und nach rechts folgen.

Achtung dann an der Wegegabelung, wo voraus schon der Felsstumpf des Ruppberggipfels zu sehen ist: Hier verlassen wir den Hauptweg, kürzen ihn halblinks auf grasigem Weg hinabsteigend ab und folgen ihm dann weiter nach links.

Wir bleiben nun stets auf dem geschotterten Hauptweg, bis wir den **Parkplatz Ruppberg** erreichen. Hier folgen wir der Straße kurz links hinauf und biegen gleich rechts wieder ab, weiter bisherige Markierungen. Der Weg führt entlang einiger Grenzsteine der alten Hessisch-Sächsischen Grenze, deren Verlauf wir schon seit der Kreuzung mit dem Rennsteig gefolgt sind.

Nach etwa 800 m biegen wir von den beiden Fernwanderwegen rechts auf den Stufenweg Richtung Gipfel Ruppberg ab. Oben gehen wir an der Wegekreuzung rechts und dann bald steil hinauf auf den Gipfel des **Ruppberges** (2.30 Std.). Der »Zellaer Vesuv« belohnt die Aufstiegsmühen mit einer der schönsten Rundumsichten des ganzen Gebirges: In der Tiefe liegt der Kanzlersgrund, gegenüber die Felsklippen der »Zwölf Apostel«, über die unsere Wanderung später führen wird. Im Süden liegt uns der Granitkessel von Zella-Mehlis und Suhl zu Füßen.

Beim Abstieg nehmen Sie am Ende des Steilstücks den Weg nach rechts Richtung Steinbach-Hallenberg, der hinunter zum **Rupprasen** führt. Am unteren Ende der großen Wiese gehen Sie hinter der Hütte am Wegedreieck halblinks Richtung Großer Hermannsberg und an Abzweigen dann immer geradeaus auf dem geschotterten Hauptweg.

An der Wegegabelung oberhalb der **Fuhrmannswiese** (3 Std.; links: Ganswiese) gehen Sie rechts Richtung Oberschönau u. a. mit schönem Blick in die parkartige Landschaft zu Füßen des Großen Hermannsberges. Immer am Waldrand entlang gehend, erreichen wir den **Kalten Brunnen** (Rastplatz).

An der folgenden Wegegabelung gehen Sie halblinks Richtung Oberschönau auf die Waldecke zu, von der man dann einen schönen Blick zu den Zwölf-Apostel-Felsen hat, dahinter die Hohe Möst vor der Kammlinie des Rennsteigs.

Auf grasigem Weg geht es nun bergab in den Wald. Unten folgen Sie dem Fahrweg nach links Richtung Oberschönau und an der folgenden Gabelung ebenfalls links, Richtung **Waldgasthof.** Zu diesem (»Ski- und Wanderhütte«) zweigt die Zufahrt nach etwa 300 m rechts ab. Von hier bietet sich ein schöner Blick auf Oberschönau, zu dem ein Stu-

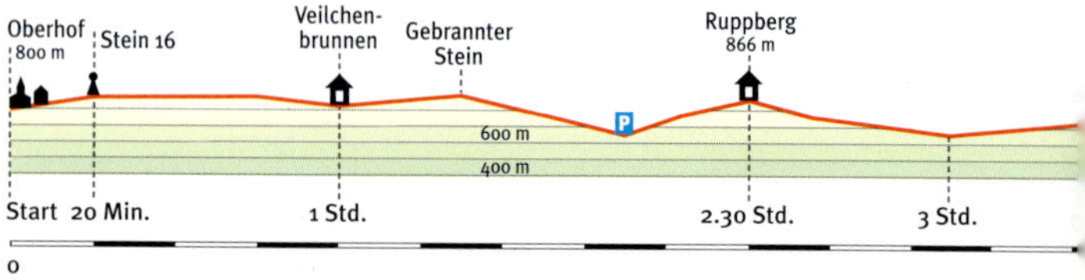

fenweg neben der Lifttrasse hinunterführt.

Unten folgen Sie dann dem Wiesenweg nach links und nach 200 m vor den Kleingärten dem Pfad rechts hinab in den Ort **Oberschönau** (3.45 Std.). Dort treffen Sie auf die Durchgangsstraße, folgen ihr kurz nach links und biegen dann gleich rechts in die steil bergauf führende Möst-Straße ab. Oben an der Gabelung gehen Sie rechts Richtung Hohe Möst und weiter in den Wald. Bald liegt rechter Hand eine **Gedenkstätte** für die Opfer von Krieg und Unrecht.

Hier folgen wir nun dem links vom Hauptweg abzweigenden gestuften Steig Richtung Hohe Möst und Zwölf-Apostel-Felsen, der im Zick-Zack steil bergan führt. Wenn die Markierung gelber Balken dann auf der längeren Geraden links abzweigt, bleiben Sie besser auf dem Hauptpfad, wohin der unnütze Schlenker bald wieder zurückführt.

Oben kreuzen wir einen grasigen Waldweg und steigen Richtung Hohe Möst weiter auf schmalem Pfad bergan (Markierung grüner Balken), bald steiler werdend. Auf Höhe der unteren der **Zwölf-Apostel-Felsen** (4.20 Std.) kreuzen wir noch einmal einen Forstfahrweg und erreichen bald die oberen Exemplare dieser eindrucksvollen Wächter über dem Kanzlersgrund. Auf der anderen Talseite ist sehr schön ein Großteil der bisherigen Wegstrecke zu überschauen.

Der Pfad steigt noch ein kurzes Stück weiter an, erreicht dann einen Fahrweg, dem wir nach rechts folgen. Halblinks ist schon die Hohe Möst zu sehen, kenntlich an dem kleinen Sendemast. Dorthin folgen

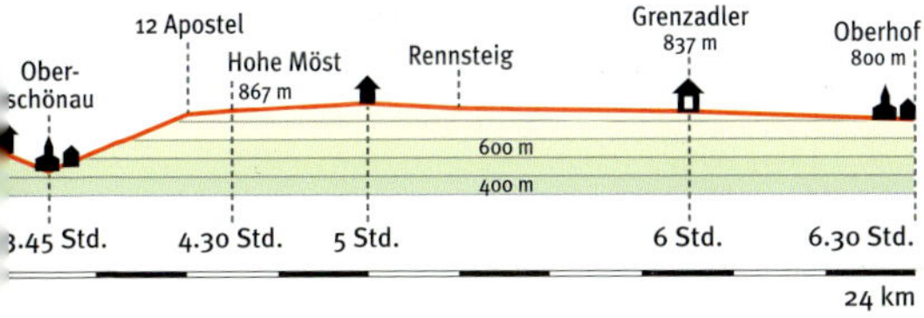

Die parkartige Landschaft an der Fuhrmannswiese

wir dem bald halblinks abzweigenden Pfad. Wir erreichen den Höhensporn am **vorderen Möstfelsen** (4.30 Std.), von dem sich ein schöner Blick auf Oberschönau und in den Langen Grund darbietet. Wir folgen dem Pfad nun zu dem noch etwas höher gelegenen **hinteren Möstfelsen.** In der Ferne ist bei guter Sicht der Gipfel des Inselsberges zu erkennen, halbrechts liegt der von germanischer Mythe umwobene Donnershauk, hinter dem der Rennsteig über den Gebirgskamm zieht.

Wir folgen nun dem Zufahrtsweg in östlicher Richtung. An der Wegekreuzung bei der **Schutzhütte Karin** (5 Std.) setzen wir halblinks versetzt die eingeschlagene Richtung fort und treffen schließlich auf den **Rennsteig** (s. S. 35), dem Sie nun nach rechts bis zum **Grenzadler** (6 Std.) folgen, einem hohe Grenzstein mit dem Adlerschild Preußens an der Passstraße aus dem Kanzlersgrund nach Oberhof.

Nach Überqueren der Straße hält sich der Rennsteig am linken Rand des Hauptweges. **Achtung:** An der Mehrfachgabelung schlagen wir den linken Weg ein, der uns in einer knappen halben Stunde zurück nach **Oberhof** führt (6.30 Std.).

Zum Jägerstein am Schneekopf

Spaziergang bei der Schmücke

Wenn Sie mit dem Auto durch den Thüringer Wald gondeln, können Sie vom höchsten Straßenpass des Gebirges (911 m) bequem auf dessen zweithöchsten Gipfel (978 m) wandern, den höchsten Punkt des Thüringer Waldes mit freier Rundumsicht!

DIE WANDERUNG IN KÜRZE

+ Anspruch

1 Std. Gehzeit

4 km Länge

Charakter: Sehr leichte, kurze Tour

Wanderkarte: Fritsch Wanderkarte 1:50000, Blatt 47, Östlicher Thüringer Wald, Thüringer Schiefergebirge

Einkehrmöglichkeit: Schmücke

Anfahrt: A 4 bis Gotha, dann B 247 über Ohrdruf und Richtung Suhl an Oberhof vorbei auf Passhöhe am »Rondell«. Dort links Richtung Neustadt bis zum Berggasthof Schmücke

Vom Parkplatz gegenüber dem berühmten Berggasthof **Schmücke** (s. S. 37) gehen Sie nach rechts und in der Kurve geradeaus von der Straße weg den Weg hinauf, der schnurgerade an den Finnhütten vorbei leicht ansteigend zum Wald führt. Etwa 50 m hinter der Kuppe nehmen Sie den halblinks vom Hauptweg abzweigenden Weg. Er führt zunächst leicht bergab, dann im Linksbogen in den Wald und dort wieder etwas bergan. Schließlich treffen Sie auf einen breiten, grob geschotterten Weg und folgen ihm nach links hinauf. Bald ist der heute von der Telekom genutzte Turm der früheren russischen Radarstation auf dem Schneekopf zu sehen. Aus dem Wald tretend, gehen Sie vor bis zum Zufahrtsweg, dem Sie kurz folgen, um dann gleich wieder rechts zum Rastplatz beim **Jägerstein** abzubiegen (30 Min.). Wer die Stelle aus der Zeit vor der sterilen Totalsanierung kennt, kann nur den Kopf schütteln, dass der Stein nicht mehr unter Bäumen im Waldboden steht, sondern eine so traurige Figur auf dem geschotterten Platz macht.

Ein kurzer Anstieg führt uns nun auf den Gipfel des **Schneekopfs,** der zweithöchsten Erhebung des Thüringer Waldes, von der Sie eine der großartigsten Aussichten des Gebirges genießen können (der bewaldete Gipfel des südwestlich benachbarten, 5 m höheren Großen Beerberges bietet keine Aussicht).

Zum Greifen nah liegt im Nordwesten Oberhof auf dem Gebirgssattel, weiter am Horizont im Westen der Inselsberg mit seinen Sendeanlagen. Nach Osten zu sehen wir den Kickel-

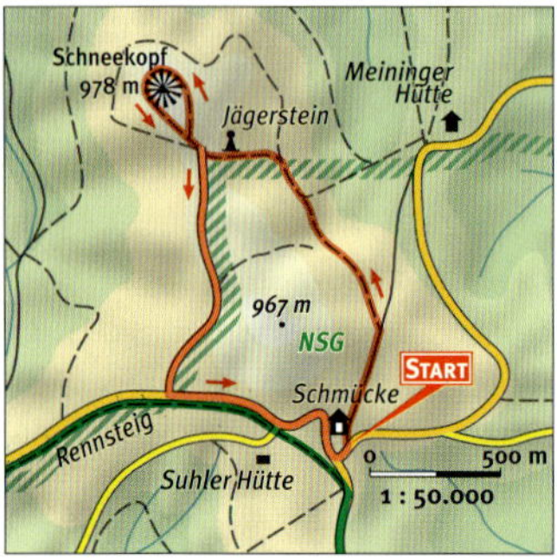

hahn, kenntlich am Aussichtsturm, wo Goethe »Wandrer´s Nachtlied« schrieb. Fern im Osten liegt Neustadt am Rennsteig auf der Höhe des Thüringer Schiefergebirges, dessen verbreiterte Abdachung in Fortsetzung des Thüringer Waldes gut zu erkennen ist.

Wir wandern nun auf dem breiten Zufahrtsweg zurück. Nach gut 1 km, gegen Ende der Gefällstrecke, biegt unser Weg links ab Richtung Schmücke u. a. Bald kreuzen wir die Straße und folgen dem parallel verlaufenden **Rennsteig** nach links und später an der Wetterstation vorbei zurück zur **Schmücke** (1 Std.).

Der Jägerstein

Die Inschrift auf dem Jägerstein erinnert an ein Jagdunglück im Jahre 1690, bei dem ein Förster »durch seinen Vetter als Schwester Sohn« aus Versehen erschossen wurde, »in Verblendung einer Hirschgestalt«, wie das Kirchenbuch von Gräfenroda vermerkt. Hieraus entstand eine Sage, die in verwandelter Gestalt auch in der romantischen Oper »Der Freischütz« (1821) aufscheint: Um den unverwundbaren weißen Hirsch zu schießen, verschreibt ein leidenschaftlicher Jäger seine Seele dem Teufel. Der gießt ihm zwar eine gläserne »Freikugel« – die allein den Bann zu durchdringen vermag –, führt ihm dann aber unter dem Trugbild des Hirsches den eigenen Onkel vor die Büchse.

Der Ausdruck »Vetter als Schwester Sohn« in der Inschrift verweist auf älteren Gebrauch der Verwandtschaftsbezeichnung »Vetter«, die ursprünglich den »Vatersbruder« bezeichnete, dann auf den Bruder der Mutter ausgedehnt wurde und schließlich auf alle männlichen Verwandten, was Zusätze wie den auf dem Stein genannten erforderlich machte. Heute hat sich die Bedeutung auf den Sohn von Onkel oder Tante eingeengt (synonym mit Cousin), der Erschossene aber war der Onkel des Schützen.

Die gläserne Kugel spielt in manchen Thüringer Sagen eine Rolle. Die hier in Rede stehende Mär ist vermutlich in Zusammenhang mit den berühmten »Schneekopfkugeln« entstanden: Diese walnuss- bis kindskopfgroßen Porphyrkugeln lagen am Schneekopf wie unscheinbare steinerne Eier herum. Wenn man Sie aufschlägt, kommt ein »Nest« aus Achat-, Jaspis-, Amethyst- oder Kristalleinschlüssen zum Vorschein. Heute ist die Gegend ziemlich abgesucht, aber fragen Sie im Gasthof Schmücke nach, ob man Ihnen ein Exemplar zeigen kann.

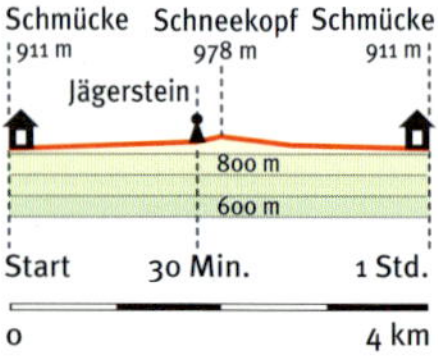

Schmücke und Mönchhof

Zwei Gasthäuser über dem Ilmtal

Von Stützerbach führt eine stille Aufstiegsroute durch den parkartigen Freibachsgrund zur Mordfleckswiese am Rennsteig. Ihm folgen wir bis zum höchstgelegenen Gasthaus des Gebirges – und wandern von dort zum ältesten weiter, das traumverloren in tiefer Waldeinsamkeit liegt.

DIE WANDERUNG IN KÜRZE

++ Anspruch

6 Std. Gehzeit

22 km Länge

Charakter: Trotz der Länge eher mittelschwere Tour auf sehr guten Wegen

Wanderkarte: Fritsch Wanderkarte 1: 50 000, Blatt 47, Östlicher Thüringer Wald, Thüringer Schiefergebirge

Einkehrmöglichkeiten: Schmücke, Mönchhof, Hotel Moosbach bzw. Country-Steak-House, Stützerbach

Anfahrt: A 4 bis Erfurt-West, dann B 4 über Arnstadt und Ilmenau nach Stützerbach

Ausgangspunkt ist der Parkplatz unterhalb des Bahnhofs von **Stützerbach.** Hier kreuzen Sie die Durchgangsstraße in die zum Waldbad führende Straße. Am Schwimmbad gehen Sie weiter geradeaus und folgen an der Gabelung dem rechten Weg (Markierung roter Balken). Gleich in der Kurve steht eine Informationstafel zum **Dreiämterstein** von 1740, der unten jenseits des Freibachs in der Wiese steht. Er trennte die Gebiete dreier sächsischer Ämter und war zwischen 1815 und 1920 sogar Dreiherrnstein, an dem drei Länder des Deutschen Bundes aneinandergrenzten (Sachsen-Weimar-Eisenach, Sachsen-Coburg-Gotha und Preußen).

Dort unten beginnt auch die Ilm ihren Lauf gen Weimar, die durch den Zusammenfluss von Freibach und Lengwitz entsteht, in welche kurz zuvor der das Schwimmbad durchfließende Taubach mündete. Verwirrend: Dieser wiederum entspringt am »Ilmbrunnen« und gilt somit als »eigentlicher« Quellbach der Ilm. Alles klar?

Wir wandern aber oben in die parkartige Auenlandschaft des **Freibachsgrundes** weiter, die in kühles Walddunkel übergeht, wenn das Tal enger wird.

Aus dem Freibachsgrund kam einst das Wasser für den Antrieb der Poch-, Wasch- und Pumpwerke der Ilmenauer Erzgruben. Es wurde in Teichen gestaut und mittels Leitungsgräben über rund 12 km an den Ort seiner Bestimmung gelenkt. Die letztmalige Instandsetzung veran-

St.-Georg-Stein am Mönchhof

lasste kein geringerer als Johann Wolfgang von Goethe, der als Leiter der herzoglichen Bergwerkskommission den hiesigen Bergbau noch einmal auf rentable Füße zu stellen versuchte (s. S. 133).

Bleiben Sie immer auf dem Hauptweg (weiterhin Markierung roter Balken), bis Sie nach kräftigem Aufstieg schließlich den **Rennsteig** (Markierung »R«) bei der Straße am **Mordfleck** (2.30 Std.; Schutzhütte) erreichen.

Der Rennsteig kreuzt hier die Straße, folgt ihr am Rande der Wiese entlang nach rechts zum Wald, durch den er zum **Borstenplatz** (Rastplatz, Schutzhütte) hinaufsteigt. Hier erinnert der **Herbert-Roth-Stein** von 1996 an den aus dem nahen Suhl stammenden Komponisten des Rennsteigliedes von 1951. Der viel besungene Höhenweg steigt nun parallel der Straße weiter bergan zur **Schmücke** (3 Std.), dem höchstgelegenen und zugleich traditionsreichsten Gasthaus auf dem Rennsteig (s. S. 37).

Für den Weiterweg folgen wir der an der Gaststätte vorbeiführenden Straße Richtung Gehlberg bis in den Wald und biegen dort gleich rechts Richtung Mönchhof ab. Auf einer alten Handelsstraße wandern wir nun durch prächtigen Hochwald unterhalb des **Sachsensteins** entlang und bleiben immer auf dem Hauptweg, der ziemlich genau auf dem Kamm des Höhenzuges verläuft. Stellenweise scheint noch das alte Pflaster der »Salzmannstraße« durch, drüben der Berg mit dem Aussichtsturm ist der Kickelhahn, wo Goethe »Wandrer´s Nachtlied« schrieb.

Auch an der Wegekreuzung mit Rastplatz und Gedenkstein für einen hier gefallenen Soldaten wandern wir geradeaus weiter und erreichen schließlich den behaglichen **Mönchhof** (4.30 Std.), der durch seine stille Waldlage besticht. Schräg gegenüber steht unter zwei Ahornbäumen der 1906 wieder aufgerichtete St.-Georg-Stein.

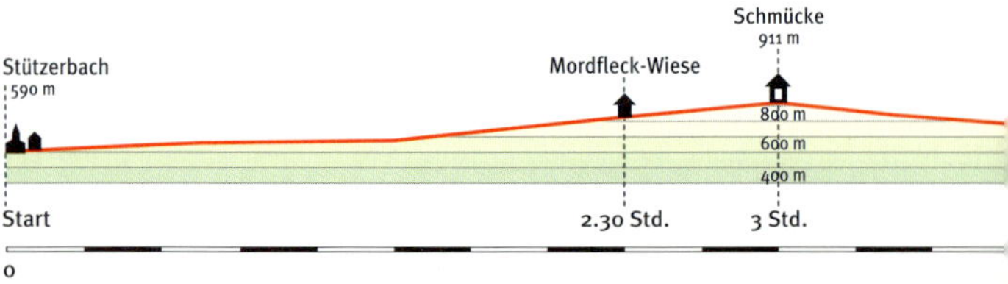

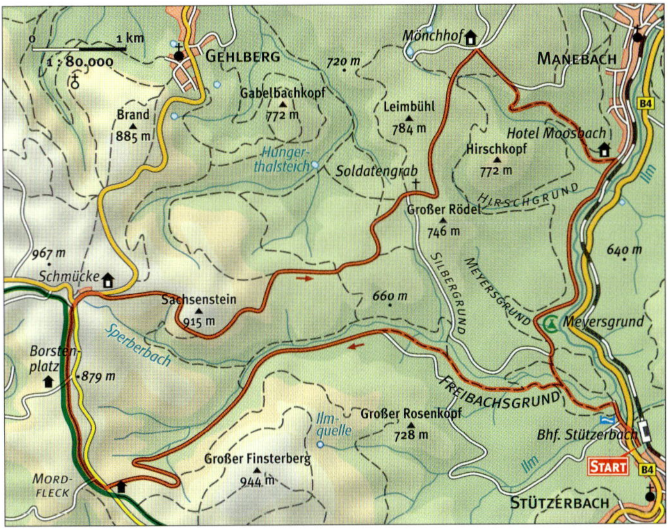

Der Weiterweg zweigt dahinter rechts Richtung Moosbach ab (Markierung roter Balken) und steigt – an der bald folgenden Gabelung geradeaus – in ziemlich direkter Linie hinab in den **Ilmgrund,** den Sie beim Hotel Moosbach erreichen.

Links sind es nur wenige Meter zum Ortsausgang von Manebach, wir aber gehen rechts und erreichen auf dem asphaltierten Fahrweg schließlich den **Campingplatz Meyersgrund** (5.20 Std.), an dem entlang wir den Weg fortsetzen.

Hinter dem Campingplatz bleiben Sie auf dem nun durch den Wald ansteigenden Asphaltfahrweg. In der Rechtskurve auf der Kuppe biegen Sie bei der kleinen Waldwiese dann links auf den geschotterten Weg Richtung Stützerbach u. a. ab. Schon bald haben Sie wieder den **Freibachsgrund** erreicht und treffen drüben auf den Wanderweg, auf dem Sie vor Stunden gebirgswärts marschiert sind und nun links nach **Stützerbach** (6 Std.) zurückkehren.

Der Mönchhof

Der heutige Mönchhof ist eines der traditionsreichsten Gasthäuser Thüringens! Das 1908 errichtete Halb-

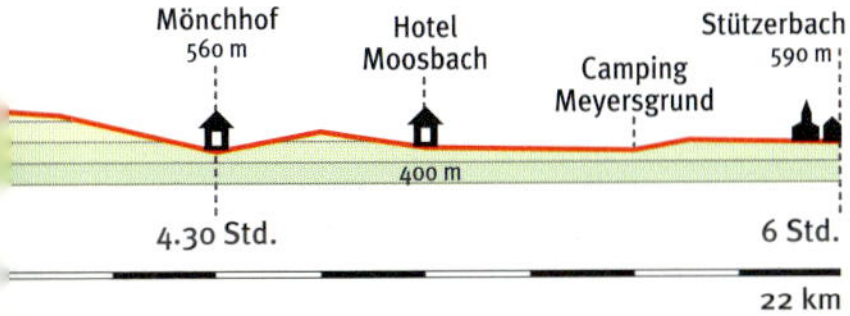

Kaum ein anderer Gasthof liegt so fernab des Straßenverkehrs wie der Mönchhof

fachwerkhaus mit Jugendstilelementen ist der jüngste Nachfolgebau einer Herberge, die seit dem 13. Jh. hier die Fuhrleute an der alten »Salzmannstraße« bediente. In seinem Ursprung geht der Mönchhof auf eine Schenkung der hl. Elisabeth (Tour 3, s. S. 92) zurück, die 1221, im Jahr ihrer Eheschließung mit dem Landgrafen Ludwig IV., dem Zisterzienserkloster Georgenthal dieses Waldgebiet schenkte. Zur Abgrenzung des Besitzes wurden Grenzsteine mit dem Bild des Ritters St. Georg gesetzt, des Schutzpatrons von Eisenach. Drei dieser alten Bildgrenzsteine existieren noch, einer davon wurde 1906 – in Anwesenheit von »Rennsteigvater« Trinius (s. S. 46) – schräg gegenüber dem Gasthaus neu aufgestellt.

In seinen seinerzeit viel gelesenen Wanderbüchern erzählt Trinius auch die Sage vom »Mönchsstein«, an die die Abbildung auf den Notgeldscheinen von Manebach erinnert, die in der Wirtsstube zu bewundern sind: Ein Mönch hatte »gefehlt«, und um »der Liebe Schuld« zu sühnen, schleppte er den schweren Stein auf die Höhe des Gebirges, wo er tot umfiel. Dort begruben ihn seine Brüder – und gründeten den »Mönchhof«.

Über allen Gipfeln ist Ruh'

Der Goetheweg von Ilmenau

Drei längere Aufstiege machen diese Wanderung auch in sportlicher Hinsicht recht anspruchsvoll. Echte Goethefans dürften diese Mühen freilich kaum scheuen, können sie doch auf Schritt und Tritt den Spuren des Meisters folgen und dem Zusammenklang von Landschaft und Genius nachspüren.

DIE WANDERUNG IN KÜRZE

+++ Anspruch

5.30 Std. Gehzeit

18 km Länge

Charakter: Wegen dreier steiler Aufstiege ziemlich anspruchsvolle Tour, die freilich gut präparierten Wegen folgt

Markierung: »G« (Goetheweg)

Wanderkarte: Fritsch Wanderkarte 1: 50000, Blatt 47, Östlicher Thüringer Wald, Thüringer Schiefergebirge

Einkehrmöglichkeiten: Schöffenhaus, Manebach, Kickelhahn, Hotel Gabelbach, Auerhahn, Stützerbach

Anfahrt: Von Westen: A 4 bis Kreuz Erfurt, dann A 71 Richtung Ilmenau, ab Autobahnende über Traßdorf und dann B 87 nach Ilmenau. **Aus Südostdeutschland:** A 73 nach Bamberg, dann B 4 über Coburg und Schleusingen nach Ilmenau

Rückfahrt: Bus von Stützerbach

Öffnungszeiten: Wer alle drei Museen – Ilmenau, Gabelbach, Stützerbach – besichtigen will, sollte die Wanderung Punkt 9 Uhr am Amtshaus in Ilmenau beginnen, denn: Das Goethehaus in Stützerbach ist 18 km Wanderweg mit drei Aufstiegen entfernt und schließt um 17 Uhr seine Pforten. Mittagspausen und weitere Stopps an Sehenswürdigkeiten zur mittleren Gehzeit von 5–6 Stunden gerechnet heißt, dass Gemütlichwanderer sich sputen müssen, um den letzten Einlass um 16.30 Uhr noch zu erwischen.

Wir beginnen die Wanderung in **Ilmenau** am **Museum im Amtshaus** (Hintereingang rechts; hier erhalten Sie auch einen schönen Prospekt zum Goetheweg) oberhalb des Marktplatzes, den Goethe sich als Schauplatz einiger Szenen des »Wilhelm Meister« vorgestellt hatte. Das Museum zeigt in fünf Räumen u. a. Goethe-Zeichnungen, Arbeitsunterlagen und -geräte sowie ein Modell des Bergwerks. Aus dem Amtshaus tretend, gehen Sie rechts hinauf am Rathaus vorbei, in dem sich zur Goethezeit das Bergamt befand, durch die Obertor-Straße zum **Friedhof.** Gleich hinter dem Eingang links liegt das Grab von Corona Schröter, einer der bedeutendsten Schauspielerinnen ihrer Zeit. Manche seiner Freunde hatten in ihr Goethes ideale Gefährtin gesehen, »an Genie, Schönheit und hohem Wollen ihm so ebenbürtig, doch der Jupiter von Weimar begnügte sich mit einer Vulpius« (A. Trinius).

Wir folgen nicht der neuen Beschilderung des Goetheweges durch den Friedhof! Diese Routenführung dient nur dem Zweck, an der Stelle des einstigen Johannisschachtes am Ortsausgang vorbeizuführen, wo außer einem Gedenkstein nichts Interessantes zu sehen ist. Vielmehr folgen wir der Straße am Friedhof entlang links hinauf. Oben in der Kurve biegen wir von der Vorfahrtsstraße ab, nun der Beschilderung des nach seinem Schlenker hierher zurückgekehrten Goetheweges folgend, der in die zweite Straße links abbiegt (Neue Marienstraße). Wandern Sie geradeaus durch, dann steil nach rechts die Straße Zechenhaus hinauf und oben links in die Sturmheide: Nun haben Sie den Aufstieg aus Ilmenau hinter sich und gehen geradeaus durch in den Weg **Mittlerer Berggraben,** der wenig später in den Wald führt. Eben diesen Graben ließ Goethe damals für den Wassertransport wieder instand setzen. Im 19. Jh. wurde er zugeschüttet und als Wanderweg angelegt. Ein Stück tiefer im Buchenwald verläuft der ebenfalls zugeschüttete Untere Graben.

Nach etwa 20 Min. führt der Goetheweg rechts hinauf zum **Oberen Berggraben.** Er folgt ihm aber nur etwa 75 m nach links und zweigt dann rechts, sacht ansteigend, ab, führt als schmaler Pfad durch eine Schonung auf den Wald zu, von dessen Rand man einen Blick zurück auf Ilmenau hat.

Bald queren Sie einen schräg kreuzenden Weg und gehen, die Höhe haltend, weiter geradeaus bis zur **Berthaquelle,** einem Rastplatz im dunklen Forst mit Quellfassung von 1854. Der Weg steigt nun rechts steil an, kreuzt einen Weg und führt dann noch 200 m weiter auf den **Schwalbenstein.** An dessen Fuß ist ein Medaillon mit dem Reliefbild Goethes angebracht und die Worte:

Wem die Himmlischen viel
Verwirrung zugedacht haben,
wem sie erschütternde
schnelle Wechsel der
Freude und des Schmerzes bereiten,
dem geben sie kein höher
Geschenk als einen ruhigen Freund.

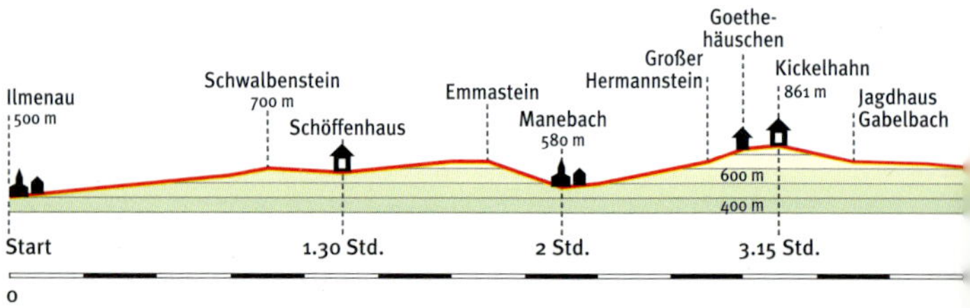

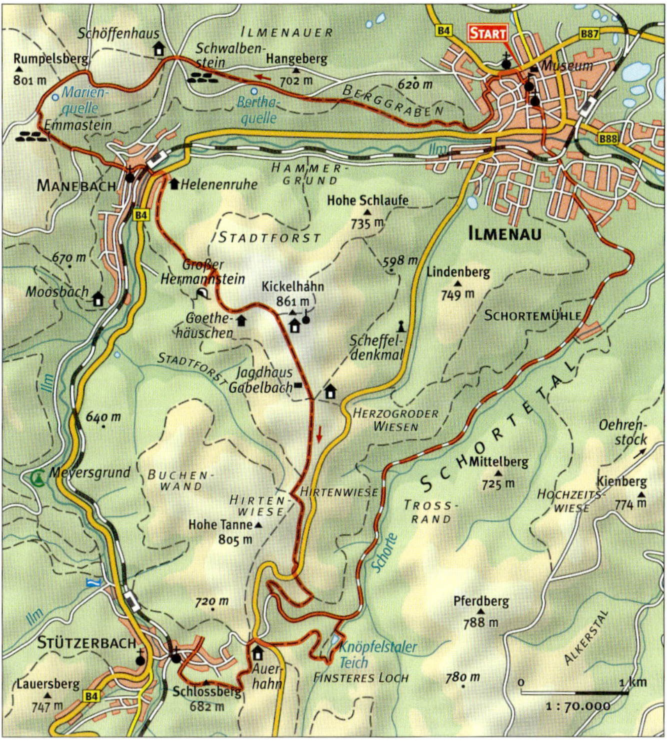

Es sind die Anfangsworte jenes IV. Aktes der »Iphigenie«, der hier oben am 19. März 1779 entstand – »einem heiteren Tag, ruhigen Gemüts«.

Von der Felsgruppe mit Aussichtshütte fällt der Blick auf Manebach, gegenüber der Kickelhahn. Zur Zeit Goethes war dieser Platz unbewaldet, wie man auf einem Bild im Museum sehen konnte.

Von der Hütte kommend, folgen Sie halblinks dem schönen Hangweg, der bald auf einen geschotterten Fahrweg trifft, der zum **Schöffenhaus** (1.30 Std.) führt. Hinter der Gaststätte gehen Sie links auf einem breiten Forstweg weiter, der bald herrliche Aussicht in den Manebacher Grund zu Füßen des Kickelhahn bietet, des »erhabenen Bergs«. Dort hinab werden wir bald steigen – und drüben geht es dann wieder hinauf!

Auf der Kuppe gehen Sie links und am Wanderwegweiser gleich noch einmal links, auf dem breiten Forstweg bleibend. Nach etwa 300 m liegt links unterhalb des Weges die kräf-

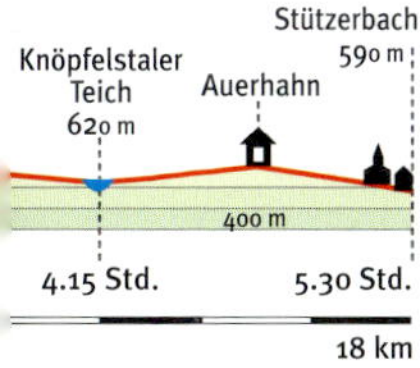

Das Goethehäuschen

tig sprudelnde **Marienquelle,** etwa 200 m weiter führt der »G«-Weg als schmaler Pfad links hinunter durch den Wald. An der ersten Gabelung zweigt rechts der Weg zum ganz im Wald verborgenen **Emmastein** ab, den Goethe 1777 zeichnete. Die Zeichnung kann man später im Jagdhaus Gabelbach betrachten.

Der Pfad führt um den mächtigen Porphyrhärtling herum und trifft ein Stück unterhalb wieder auf den Goetheweg, dem Sie weiter bergab folgen. Am Waldrand öffnet sich ein lieblicher Blick ins Ilmtal und über Wiesen und Weiden wandern wir hinab nach **Manebach** (2 Std.). Unterhalb der schieferverkleideten Kirche gehen Sie links die steile Straße hinunter. Das zweite Haus rechts (Nr. 13) ist das Haus des Kantors, in dem Goethe verschiedentlich zu Gast war. Das Haus selbst ist modern verputzt und ohne »Romantik«.

Unten kreuzen Sie Bahnlinie und Durchgangsstraße, um dahinter gleich den schmalen Pfad mit Stufen zwischen den Häusern zur Schutzhütte **Helenen-Ruhe** hinaufzusteigen. Beim Aufstieg können Sie noch einmal einen Blick zur Hütte auf dem Schwalbenstein werfen und von der Bank die schöne Aussicht auf Manebach genießen.

Der Weg führt nun stetig ansteigend und gut beschildert durch den Wald. Kurz vor der im Wald aufragenden Porphyrklippe des **Großen Hermannsteins** zweigt rechts ein Pfad vom Hauptweg ab zur Höhle am Fuße des Felsens, »meinem geliebten Aufenthalt, wo ich möchte wohnen und bleiben«. Sie diente Goethe als Herberge, wenn er in freier Natur zeichnete, und manches Mal schrieb er hier, wenn es draußen regnete. Über dem Eingang sind zwei Platten mit je einem Vierzeiler angebracht, wovon er 1784 einem diesem »erwählten Felsen« zudachte, den er acht Jahre zuvor mit Frau von Stein aufgesucht hatte:

Felsen sollten nicht Felsen,
und Wüsten Wüsten nicht bleiben
Drum stieg Amor herab, sieh,
und es lebte die Welt ...

Sie gehen zum Hauptweg zurück und steigen weiter bergan. Nachdem Sie den Hermannstein passiert haben, geht es links weiter bergauf, immer geradeaus. Ganz zum Schluss gehen Sie rechts und weiter zum **Goethehäuschen,** einer Nachbildung jener Jagdhütte, auf deren Holzwand der Frankfurter Genius 1780 »Wanderers Nachtlied« schrieb. Hinter Glas wurde die Inschrift bewahrt, die Pilgerstätte behielt aber auch ihre Funktion als Schutzhütte für Pilzsammler und Wanderer, bis dann 1870 jemand beim Verlassen vergaß, die Glut auszulöschen ...

Es kann sehr windig auf dem Kickelhahn sein, »den man in einer klingenderen Sprache Alecktrüogallonax nennen könnte«, wie Goethe an Frau von Stein schrieb, und am Abend eines heiteren, freundlichen Tages scheint die Stimmung hier nicht anders zu sein als:

Über allen Gipfeln ist Ruh',
In allen Wipfeln spürest Du
Kaum einen Hauch;
Die Vögelein schweigen im Walde,
Warte nur,
balde ruhest Du auch.

»Die Sonne ist unter. Es ist eben die Gegend, von der ich Ihnen die aufsteigenden Nebels zeichnete, jetzt ist sie so rein und ruhig und so uninteressant als eine große schöne Seele, wenn sie sich am wohlsten befindet.«

Noch 200 m, und Sie sind auf dem Gipfel des **Kickelhahn** (3.15 Std.; Gaststätte, Aussichtsturm). Rennsteigwanderer werden drüben am Beerberg längst die Schmücke erkannt haben, die am oberen Rand einer großen Wiese unter dem Gipfel liegt.

Der Weiterweg führt rechts neben der Gaststätte bergab, an der Gabelung vor dem Wald rechts und im Rechtsbogen abwärts, wo Sie wieder auf den von rechts kommenden Goetheweg treffen und ihm weiter bergab folgen. Immer geradeaus gehend, erreichen Sie das **Jagdhaus Gabelbach.** Der spätbarocke Zweckbau des Weimarer Herzogs von 1783 (heute Goethe-Gedenkstätte) erlangte eine gewisse Berühmtheit als Tagungsort der legendären »Gabelbachgemeinde«, eines von 1859–1945 bestehenden Honoratiorenvereins, dessen Blütezeit in die glückliche Epoche vor 1914 fiel. Wer eine Ahnung von dem sangesfrohen Vereinsleben jener Zeit erhaschen möchte, findet in der Gabelbachgemeinde ein köstliches Beispiel aus dem Bildungsbürgertum: Verseschmieden, höherer »Jocus«, Trinkrituale, »ein dreifach Hoch auf Ihro Majestät« – für einen tieferen Einblick in diesen ach so zeittypischen Verein sei auf die reich bebilderte Broschüre verwiesen, die im Hotel Gabelbach erworben werden kann. Wer es ganz genau wissen will, lese August Trinius: »Chronik der Gemeinde Gabelbach«, die der »Reichshistoriograph« der Gemeinde 1898 verehrt hatte. Einem Gemeindepoeten jener Epoche, Rudolf Baumbach, wurde im Sommer 1914 das Denkmal vor dem Jagdhaus gewidmet. Sein Lied »Hoch auf dem gelben Wagen« kam rund sechzig Jahre später dank des vierten deutschen Bundespräsidenten Walther Scheel sogar in die Hitparaden.

Direkt hinter dem Haus biegen Sie rechts auf den Waldweg ein (geradeaus: zum Hotel Gabelbach), der immer oberhalb des **Berghotels Gabelbach** – einst Erholungsheim des ZK der SED – geradeaus durch den Wald führt, bis er auf einen Fahrweg trifft. Diesem folgen Sie nach rechts zur **Hirtenwiese.** An ihrem Ende wird sie vom Goetheweg im Linksbogen gesäumt, aber **Achtung:** Am zweiten Abzweig (Schild an hohem Baumstumpf) biegt der Goetheweg rechts vom Hauptweg als grasiger Weg ab. Wir erreichen bald den Wald und gehen dort nach 150 m links hinunter zur Straße.

Folgen Sie nun der Straße 50 m nach rechts, dann biegt der Goetheweg links ab und führt steil durch den Wald ins Schortetal hinab. An der Wegekreuzung gehen Sie rechts, weiterhin recht steil, an der nächsten Kreuzung dann geradeaus über die Lichtung und weiter bergab dem

Verlauf des Tals folgend.

Im tiefsten Grund, bevor der Weg wieder ansteigt (hier Variante), zweigt der Goetheweg rechts über die kleine Bachbrücke ab zum **Knöpfelstaler Teich** (4.15 Std.). Erst links, auf der anderen Talseite dann nach rechts folgt der Wanderweg zunächst dem Ufer, führt tiefer ins Tal und im hintersten Winkel dann rechts (Richtung Finsteres Loch/Auerhahn). Das **Finstere Loch** war 1776 Rastplatz der herzoglichen Jagdgesellschaft, das »Nächtliche Gelage am Fuße der Felswand« hielt Goethe im Gedicht »Ilmenau« fest.

Auf steilem Pfad geht es bergan, dann kurz rechts bergab, um nach 15 m links weiter anzusteigen, bis Sie nach etwa 1 km beim Gasthof **Auerhahn** die Straße erreichen. Kurz unterhalb des Gasthauses zweigt der Goetheweg bei einer Datschenkolonie von der nach Stützerbach führenden Straße links ab. Nach ein paar hundert Metern verlässt er den durch den Wald führenden Hangweg und führt rechts asphaltiert bergab, aus dem Wald heraus und immer geradeaus an der Skisportlerhütte vorbei auf eine Wiesenkuppe zu, den **Schlossberg,** der von einer an drei Seiten mit alten Bäumen gesäumten Fläche gekrönt wird. 1739–49 stand hier ein Jagdschloss. Vom Rand der Kuppe haben Sie einen wunderschönen Blick auf die schieferverkleideten Häuser von Stützerbach, in der Ferne begrenzt der Schneekopf den Horizont.

Steigen Sie nun an der Bank nach links hinab und dann weiter zum Fahrweg bei den ersten Häusern von **Stützerbach** und folgen Sie dem Weg nach rechts hinunter in den Ort (5.15 Std.).

Dort gehen Sie links 5 m die steile Schulstraße hinunter und sofort rechts auf dem Pfad zum **Haus des Kaufmanns Glaser,** dessen Holzfassade den Eindruck macht, noch die lustigen Tischgesellschaften erlebt zu haben, bei denen Goethe und der Herzog zwischen 1776–80 öfter zu Gast waren.

Gehen Sie dann rechts ein paar Meter die Straße hoch und gleich links, direkt auf das Goethehaus zu. Es ist das Haus, in dem Goethe während seiner dreizehn Aufenthalte in Stützerbach ein Zimmer bewohnte, Stiche, Karten und Briefe belegen seine Anwesenheit, ein Glasbläser zeigt seine Kunst im angegliederten Museum der Geschichte des technischen Glases. Gehen Sie vom Museum aus kurz nach links zur Straße zurück und diese dann rechts hinab. Kurz vor der Bahnlinie stand rechts bis 1995 das Gebäude des einstigen Gasthofes »Zum Weißen Ross« (jetzt ein Seniorenheim), wo sich die herzoglichen Jagdgesellschaften öfters zu fröhlicher Geselligkeit und zum Tanz mit den Dorfschönen trafen.

Dass Goethe die Stützerbacher Mädels nicht folgenlos geschwenkt habe, behauptet Rennsteigvater Trinius, der 1904 in seinem Büchlein »Goethe-Stätten« berichtet: »Erst vor wenigen Jahren war in Stützerbach ein Ober-Holzhauer zu Grabe getragen, der als ein natürlicher Enkel Goethes in seiner hohen, steifen Gestalt, im Gesicht und Wesen so überzeugend an den großen Dichter und – Liebling der Frauen erinnerte«. Nachfrage im Goethehaus ergab zunächst »offiziell nichts bekannt«, später dann die verschmitzte Auskunft, dass es doch tatsächlich »noch heute einige Leute gibt, die Goethe erstaunlich ähnlich sehen«! Nun, sehen Sie sich auf ihrem Weg zum Bahnhof mit eigenen Augen um.

Variante: Der Goetheweg als Rundwanderung

Wenn Ihnen die Anlage des Goetheweges als Streckenwanderung nicht zusagt – obwohl die Rückkehr per Bus von Stützerbach vor 19 Uhr eigentlich unproblematisch ist –, können Sie die Wanderung 3 km vor ihrem Ende zur Rundwanderung biegen (ein Aufstieg gespart, aber 4 km mehr): Bleiben Sie in diesem Fall vor dem **Knöpfelstaler Teich** (km 15) weiter geradeaus auf dem Hauptweg durchs Schortetal, der Sie zurück nach **Ilmenau** (km 22) führt.

Goethe in Ilmenau

Goethe lernte Ilmenau als Leiter einer Bergwerkskommission kennen, zu welchem der 19jährige Herzog Karl August von Sachsen-Weimar-Eisenach den 27jährigen Dichter im Februar 1777 ernannt hatte, damit er die 40 Jahre zuvor »ersoffenen« Erzgruben wieder auf rentable Füße stelle. Goethe, froh, eine praktische Tätigkeit gefunden zu haben, sicherte zunächst die Energieversorgung des Unternehmens durch Zuleitung von Wasserkraft und Kapital: Zum einen wurde der alte Berggraben wieder instand gesetzt, um die Räder der Poch-, Wasch- und Pumpwerke antreiben zu können, zum anderen eine Beteiligungsgesellschaft gegründet, um an Investitionsmittel zu kommen. Schiller, Herder, Wieland und andere zeichneten Anteile – kein Bergwerk hatte je einen erlauchteren Eignerkreis. Allein, der Johannisschacht blieb eine Totgeburt. Schon die feierliche Eröffnung am Fastnachtstage des Jahres 1784 war nicht ohne Vorbedeutung: Minutenlanges Schweigen senkte sich über die Versammlung, bis der Dichter wieder die Sprache fand und mit dem Wunsche schloss, »dass endlich das zweideutige Metall, das öfter zum Bösen als zum Guten angewendet wird, nur zu seiner Ehre und zum Nutzen der Menschheit gefördert werden möge.«

Der fromme Wunsch blieb doppelt unerfüllt. Zum einen förderte der neue Schacht so beklagenswert wenige »Schätze der Erde« zu Tage, dass im Jahr 1796 ein erneuter Wassereinbruch ihm endgültig den Garaus machte. Zum anderen aber hob das große Säbelrasseln gerade in jenem Jahr an, als mit Napoleon Bonapartes Feldzug nach Italien eine Karriere in ihre entscheidende Phase trat, die acht Jahre später auf dem französischen Kaiserthron ihre vorläufige Krönung finden sollte. Der Weltgeist hatte mit dem zweideutigen Metall offensichtlich noch größere Pläne ...

»Die Gegend ist herrlich, herrlich!« schrieb Goethe bei seinem ersten Ilmenauer Aufenthalt im Mai 1776 – und ein »Herrlich! Herrlich!« wird auch von seinem Abschiedsblick vom Kickelhahn über die Thüringer Wälder berichtet, als er im August 1831 mit seinen beiden Enkeln in Ilmenau seinen letzten Geburtstag feierte.

Zum Großen Dreiherrnstein

Landschaftskontraste bei Neustadt am Rennsteig

Erst promenieren wir tief im Tannengrund am Schönbrunner Stausee, dann oben auf dem Rennsteig an einer barocken Grenzsteingalerie entlang – und das vom Thüringer Wald ins Schiefergebirge…

DIE WANDERUNG IN KÜRZE

++ Anspruch

5.30 Std. Gehzeit

20 km Länge

Charakter: Mittelschwere Tour auf überwiegend guten Wegen, ein langer Aufstieg

Wanderkarte: Fritsch Wanderkarte 1: 50 000, Blatt 47, Östlicher Thüringer Wald, Thüringer Schiefergebirge

Einkehrmöglichkeiten: Dreiherrnstein, Neustadt

Anfahrt: A 4 bis Erfurter Kreuz, A 71 bis Traßdorf (ab ca. 2003 bis Ilmenau-Ost), kurz auf der Landstraße, dann B 87 nach Ilmenau, B 4 über Stützerbach bis Passhöhe Bahnhof Rennsteig – Landstraße auf dem Gebirgskamm (meist Rennsteig!) nach Neustadt

In **Neustadt am Rennsteig** (s. S. 42) gehen Sie an der Kirche die Kirchgasse hinunter, kreuzen unten die Hüttenstraße schräg nach rechts und biegen dann links Richtung Tannengrund, Talsperre ab. Etwa 150 m hinter den letzten Häusern zweigt von dem geschotterten Hauptweg halblinks ein schmaler Fahrweg ab, der auf den vorausliegenden Wald zu führt und sich als Fußweg durch diesen fortsetzt. Bei der Sitzgruppe ausgangs des Waldes gehen wir auf dem Wiesenpfad weiter bergab und dann auf dem Forstfahrweg nach links. In der Linkskurve folgen wir aber dem geradeaus abzweigenden Weg bergab Richtung Tannengrund, Talsperre.

Flott geht es nun hinab in den **Tannengrund,** wo Sie auf einen Asphaltweg treffen, dem Sie nach links folgen. Immer talabwärts gehend, erreichen Sie den Abzweig vor dem **Schönbrunner Stausees** (50 Min.) und folgen dem geschotterten Weg

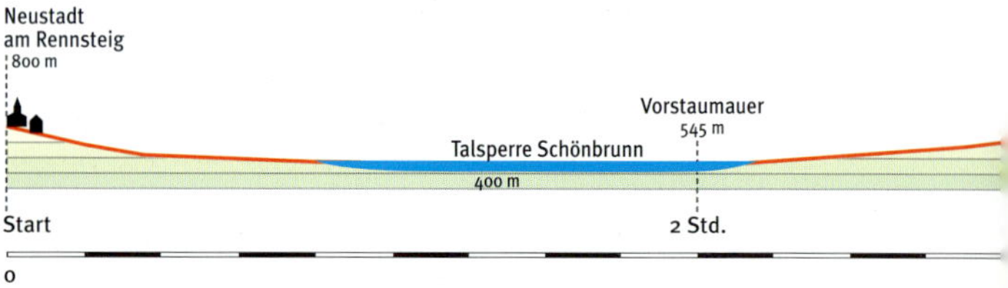

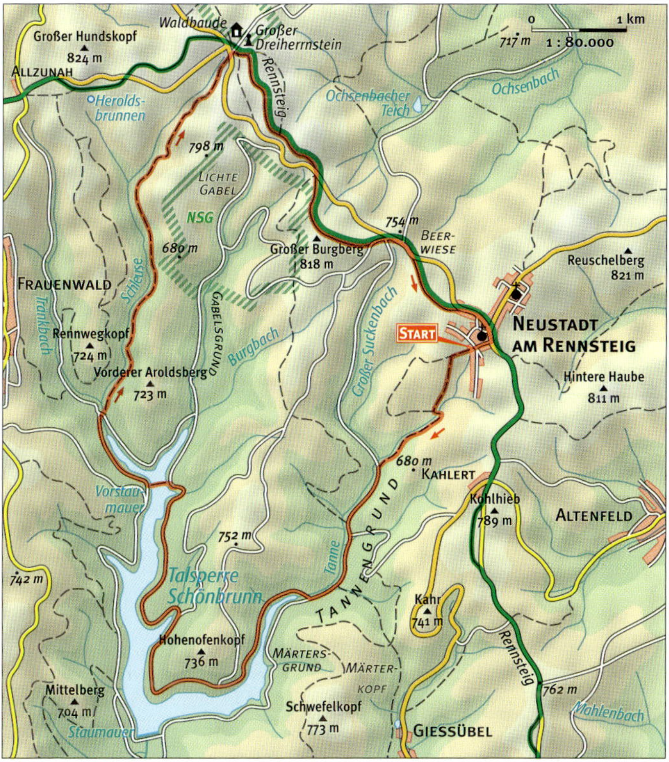

nach rechts, der bald als schöner Panoramaweg ein Stück oberhalb des rechten Seeufers verläuft. Im Boden erkennt man sowohl Schiefer als auch Rotliegendes, ein Zeichen dafür, dass wir im Grenzgebiet von Thüringer Wald und Schiefergebirge wandern. Deren Grenze wird von den Geologen ungefähr beim Großen Dreiherrnstein angesiedelt, so dass wir später vom einen in den anderen Gebirgsteil wandern werden.

Die 1967–75 erbaute Talsperre taucht auf, und wir kommen nun in das Haupttal des Sees, der mit seinen 22 Mio. m³ Fassungsvermögen der größte Trinkwasserspeicher auf der Südseite des Gebirges ist. Der dicht bewaldete Talkessel war ein beliebtes Jagdrevier der SED-Bonzen, der Wanderweg selbstverständlich gesperrt, wenn die Genossen sich auf der Pirsch vom Volk erholen wollten.

Auf dem Hauptweg bleibend, folgen Sie der Uferlinie bis zur **Vor-**

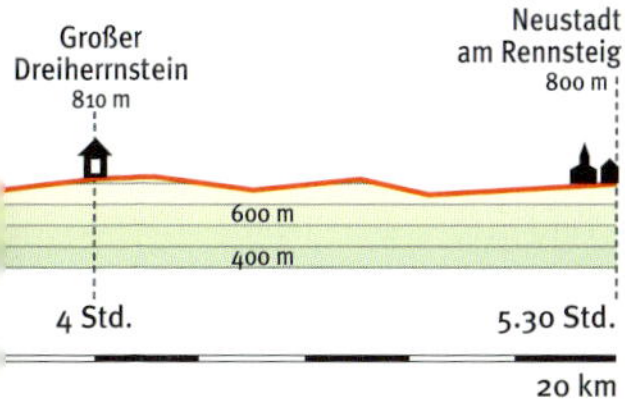

Tief im Tannengrund verborgen liegt der Stausee von Schönbrunn

staumauer (2 Std.), über die Sie ans Gegenufer wechseln und drüben nach rechts weitergehen. Am Ende des Sees überqueren wir die zufließende Schleuse und beginnen nach links den Aufstieg zum Rennsteig Richtung Dreiherrnstein (Markierung grüner Balken).

An der Flanke des **Schleusetals** gewinnen wir rasch an Höhe und kommen schließlich gegenüber der Waldbaude am **Großen Dreiherrnstein** raus (4 Std.), der am rechten Rand des Parkplatzes unmittelbar am **Rennsteig** steht (s. S. 42).

Der führt als breiter Weg in den Wald, zieht von prächtigen Wappensteinen begleitet über den **Morast** und nach Überqueren der Straße über den **Großen Burgberg.** Dahinter folgt der Rennsteig kurz der Straße, biegt dann vor dem Wald rechts ab und führt über den freien Wiesenhang nach **Neustadt** (5.30 Std.) hinauf.

Die Werraquelle am Eselsberg

Der Rennsteig bei Masserberg

Von der Rennsteigwarte schauen wir uns das Thüringer Schiefergebirge erst einmal von oben an, bevor wir einer besonders schönen Galerie barocker Wappengrenzsteine nach Friedrichshöhe folgen.

DIE WANDERUNG IN KÜRZE

+ Anspruch

3.30 Std. Gehzeit

15 km Länge

Charakter: Einfache Tour, stellenweise etwas ruppiger Untergrund, zwei spürbare Steigungen

Wanderkarte: Fritsch Wanderkarte 1: 50 000, Blatt 47, Östlicher Thüringer Wald, Thüringer Schiefergebirge

Einkehrmöglichkeiten: Eselsberg, Friedrichshöhe, Waldbaude an der Werraquelle

Anfahrt: A 4 bis Erfurter Kreuz, A 71 bis Traßdorf (ab ca. 2003 bis Ilmenau-Ost), Landstraße, dann B 87 nach Ilmenau, B 4 über Stützerbach bis Passhöhe Bahnhof Rennsteig, Landstraße auf dem Gebirgskamm (meist Rennsteig!) über Neustadt nach Masserberg

Bei den Parkplätzen auf der Kammhöhe direkt über **Masserberg** kreuzt der Rennsteig die Straße. Diesem folgen Sie in südöstlicher Richtung auf den nahen **Eselsberg** (15 Min.; Gaststätte), wo Sie von der **Rennsteigwarte** einen weiten Rundumblick übers Schiefergebirge genießen können. Aber erschrecken Sie nicht vor dem Monstrum, das im Osten über den Bergkamm ragt – der Oberdamm des neuen Pumpspeicherwerks Goldisthal (Flutung 2001).

200 m hinter der Warte biegt der Rennsteig halblinks von dem breiten Fahrweg ab und erreicht unter dem ›Geleitschutz‹ schöner Wappengrenzsteine die Wegekreuzung an der **Heidehütte** beim **Dreiherrnstein auf der Hohen Heide** (30 Min.).

Wir wandern geradeaus weiter bergab und treffen unten bei einer Schutzhütte auf einen Fahrweg, von dem der Rennsteig sofort nach links abknickt (nach rechts ginge es direkt zur Werraquelle). Bald erreichen wir die **Eisfelder Ausspanne** (1 Std.), einen alten Straßenpass mit großem Meilenstein, Rastplatz, Schutzhütte.

Hinter dieser steigt der Rennsteig nun auf grasigem Weg kurz an, folgt dann der Forststraße kurz nach links, um 200 m weiter wieder links von ihr abzubiegen. Bald beginnt der kräftige Anstieg auf die **Pechleite** durch einen engen, ruppigen Hohlweg. Der Name deutet auf ein altes Waldgewerke, das auf dieser »Leite« (Berghang) einen Harzwald hatte, wofür sich am besten Kiefern und Lärchen eigneten. Bis gegen Ende des 19. Jh. war der Thüringer Wald einer der Hauptmärkte des Pech- und Kienrußhandels.

Gegen Ende des Anstiegs fällt rechts des Weges ein heller Quarzitblock ins Auge, der **Germarstein.** Eine Gedenktafel erinnert an den Rennsteigforscher Major Bruno von Germar (1873–1924).

Wenig später macht der Rennsteig einen Linksknick und beginnt dann den Abstieg, an dessen Ende er wieder auf die Forststraße trifft. Diese begleitet er links als Parallelweg auf seiner Originaltrasse – wie die begleitenden Grenzsteine zeigen – bis an den Ortsrand von **Friedrichshöhe** (1.45 Std.).

Dort wendet sich unser Rückweg beim Rastplatz nach links Richtung Eisfelder Ausspanne u. a. (Markierung grüner Balken). Zuvor wollen Sie aber vielleicht noch das kurze Stück in den Ort zum Gasthaus Zum Rennsteig gehen, wo Sie bei schönem Wetter im Biergarten sitzen oder von einem Fensterplatz aus den Blick zum Bleßberg genießen können (s. Tour 15, S. 140).

Der vorgenannte Weg führt in durchgehend sachter Neigung zur **Eisfelder Ausspanne** (2.15 Std.) zurück, von wo Sie dem Rennsteig bis zu jenem Knick folgen, wo die Kurzvariante abzweigte. Jetzt folgen auch Sie hier dem Fahrweg geradeaus, so auch an der Gabelung, nun leicht bergab und erreichen bald die »Vordere« **Werraquelle** (2.45 Std.; Rastplatz, bewirtschaftete Hütte).

Hinter der **Waldbaude** führt der Weiterweg rechts hinauf (Markierung roter Balken). Oben an der Gabelung nach etwa 500 m gehen wir nach links, um die Wiese herum, vorne rechts Richtung Masserberg, Markierung jetzt grüner Balken. Der die Höhe haltende Hangweg verlässt bald für ein Weilchen den Wald und bietet einen herrlichen Ausblick nach Süden, wo man die beiden Gleichberge sieht und bei sehr guter Sicht in der Ferne die Rhön, bevor uns der breite Weg sicher zurück nach **Masserberg** führt (3.30 Std.).

Der Streit um die Werraquellen

1897 wurde die Quelle der Werra, die sich nach 298 km mit der Fulda zur Weser vereinigt, gefasst und dem Wasser durch das Maul eines Löwenkopfes der Weg ans Tageslicht gebahnt. In der Festschrift zur feierlichen Einweihung hatte Dr. Ludwig Hertel, der Gründer des Rennsteigvereins, den bei Tacitus als *Visurgis* erstmals auftauchenden Flussnamen nach den Lautverschiebungsgesetzen aus *Wisos-aha,* d. i. »Wiesenfluss« abgeleitet. Die spätere Aufspaltung in die Formen Weser und Werra erklärte Hertel damit, dass sich der niederdeutsche Sprachraum an die altdeutsche Form *Wisera* gehalten habe, während in Thüringen durch bestimmte Lautwandlungen der Name Werra entstanden sei.

Mit der Quellfassung von 1897 war freilich nur einer der beiden

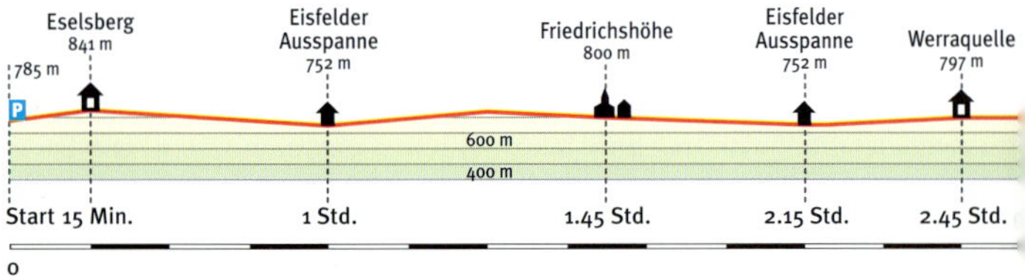

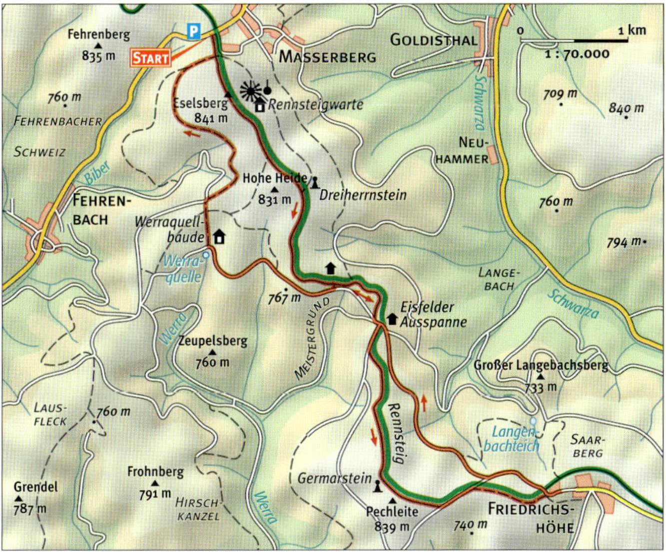

Werraquellen ein standesgemäßes Tor zur Welt geöffnet, was den Streit um die »echte« Werraquelle wieder entfachte, der erstmals 1648 aktenkundig geworden war. Mit der hier in Rede stehenden »vorderen« oder »nassen« konkurriert nämlich die 9 km weiter östlich am Bleßberg entspringende »hintere« oder »trockene« Werra um die Ehre der Weserelternschaft. Hertel hatte für die nasse Werra als eigentlichen Quellfluss argumentiert »wegen ihrer Unversieglichkeit, des längeren Arms und vor allem der altertümlichen Bezeichnung Werragrund«, während das am Bleßberg austretende Gewässer durch den Saargrund abfließt. So war der Streit auch offiziell schon bei der ersten Ausgabe der Messtischblätter in den 1870er Jahren entschieden worden, in denen der am Eselsberg entspringende Wasserlauf mit Werra, der am Bleß dagegen mit Saar angegeben war.

Mit dem Entscheid der Kartografen wollten sich freilich die Siegmundsburger Lokalpatrioten nicht zufriedengeben. Auch die Saarquelle wurde gefasst (1910) und zum Ursprung der Werra erklärt. Die Fehde erhitzte noch bis 1926 die Gemüter, als diese Quellfassung von Lokalpatrioten der Gegenpartei zerstört wurde. Erst der Sozialismus hieb den Knoten durch: Per Ministerbescheid wurde die Werraquelle am Eselsberg als die geografisch gültige bestätigtn. Doch mit der politischen Wende brach der Streit erneut aus: 1991/92 wurde die Saarquelle prompt neu gefasst und auf den Namen – »Werraquelle« getauft!

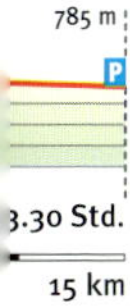

Tour 15

Ist´s die Werra, ist´s die Saar?

Bleßberg und Saargrund

Vom Rennsteig zum »König des Schiefergebirges« führt diese Wanderung, an deren Weg auch noch der Dreistromstein und die »hintere«»Werraquelle liegt.

DIE WANDERUNG IN KÜRZE

++ Anspruch

3.30 Std. Gehzeit

15 km Länge

Charakter: Wegen des teils steilen Abstiegs vom Bleßberg auf schmalem Pfad mittelschwere, ansonsten eher leichte Wanderung

Wanderkarte: Fritsch Wanderkarte 1: 50 000, Blatt 47, Östlicher Thüringer Wald, Thüringer Schiefer gebirge

Einkehrmöglichkeiten: Siegmundsburg, Wanderheim auf dem Bleßberg (nur wochenends), Friedrichshöhe

Anfahrt: B 281 Eisfeld – Triptis (A9) nach Siegmundsburg. Die Stichstraße nach Friedrichshöhe biegt auf der Passhöhe über dem Ort ab.

Friedrichshöhe war mit 30 Einwohnern die kleinste Gemeinde der DDR und ist ein Geheimtipp für Leute, die Rennsteigflair in ruhiger und doch leicht zugänglicher Lage suchen.

Wir beginnen die Wanderung beim Gasthaus Zum Rennsteig gegen Ortsende, folgen der Straße kurz bergan und biegen dann nach rechts auf den Rennsteig ein, der den Ort am Waldrand entlang umgeht. Als Parallelweg begleitet er die Zufahrtsstraße noch für gut 1 km, bis er nach links zum nahen **Dreistromstein** (30 Min.) abzweigt.

Unsere Wanderung führt aber auf dem Sträßchen weiter bis zum Ortsrand von **Siegmundsburg** (45 Min.), wo Sie die Landstraße kreuzen und dem Wanderweg rechts hinab an der Waldschänke vorbei zur »hinteren« **Werraquelle** folgen.

Bei Tour 14 wird das Problem der beiden Werraquellen erörtert und mit der landläufigen Meinung dahingehend entschieden, dass der

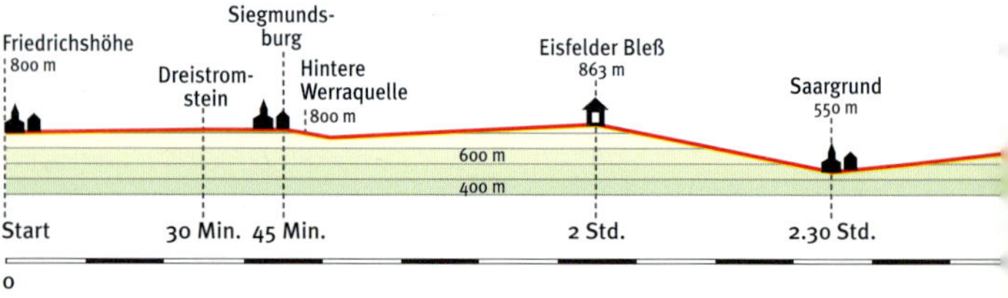

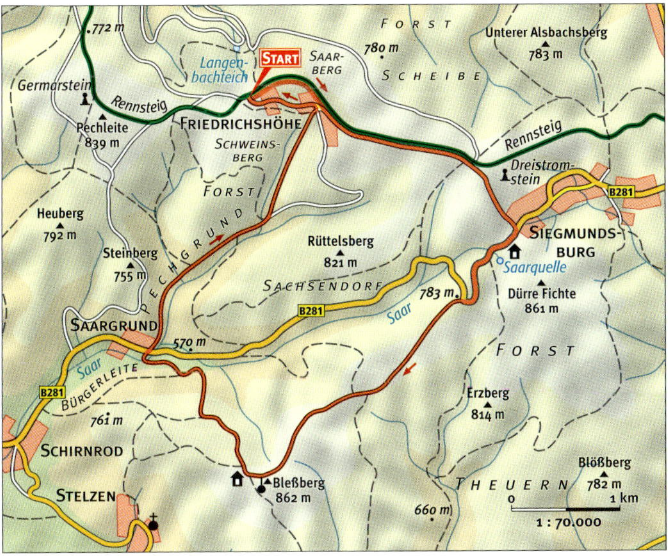

hiesigen Quelle der zweite Rang zukommt, ja, dass sie besser als Saarquelle bezeichnet würde, wie dies auch in der DDR seit 1975 offiziell geschah. Nach der Wende gewann der Lokalpatriotismus jedoch wieder die Oberhand, eine neue Quellfassung wurde geschaffen und eine Tafel mit der stolzen Aufschrift »Werraquelle 800 m ü. NN« angebracht. Die Höhenangabe ist nicht ohne Bedeutung bei dem Streit, liegt die hiesige Quelle doch 25 m höher als die drüben am Eselsberg …

Biegen Sie nun hinter der Quelle links auf die asphaltierte Zufahrt zum Bleß ab und dann am Ende des Parkplatzes rechts auf den Grasweg, der Richtung Bleßberg zu Tal führt. Unten trifft der dort präparierte Wanderweg hinter der Straßenkurve auf einen Forstfahrweg, dem wir am Parkplatz vorbei nach links folgen.

Kurz dahinter zweigt der **Grenzweg** halblinks vom Hauptweg sacht ansteigend ab. Einige der begleitenden Grenzsteine sind mit den Wappen der Grafen von Schaumberg-Rauenstein sowie der Stadt Eisfeld verziert, die sich den Bleßberg teilten. Das Schaumbergische Wappen enthält u.a. die Schafschere als dingliches Symbol. Das Eisfelder Wappen zeigt den Meißener Löwen, der einen Baum(stamm) in den Pranken hält. Eisfeld gehörte seit 1394 zur Markgrafschaft Meißen, der Baum kam erst nach dem 30jährigen Krieg ins Stadtwappen und stellt eine Linde als Symbol des Wiederaufbaus dar.

An der Gabelung hinter einer Sitzgruppe folgt der Grenzweg dem

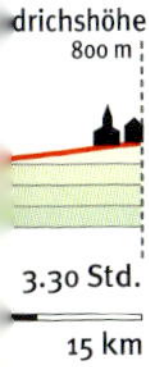

Friedrichshöhe war die kleinste Gemeinde der DDR

rechten Zweig und erreicht schließlich eine Wegekreuzung (überdachte Sitzgruppe rechts). Hier folgen wir dem Fahrweg knapp 100 m nach links, wo der Grenzweg halblinks Richtung Bleß abzweigt.

Kurz vor Erreichen der Gipfelkuppe treffen wir wieder auf den Fahrweg und folgen ihm nun am umzäunten Areal der Sendestation entlang. Wir achten dabei schon einmal auf die Stelle, wo der Wanderweg Richtung Thüringer-Wald-Blick/Saargrund rechts bergab führt, gehen aber zunächst noch weiter um die Sendeanlage auf dem Gipfel des **Eisfelder Bleß** (2 Std.) herum. Vorne bietet eine Schneise nach Südwesten Durchblick ins Tiefland, der Aussichtsturm eine fulminante Rundumsicht: Eindrucksvollste Landmarke ist wohl die Dammkrone des neuen Pumpspeicherwerks Goldisthal, die im Norden den Wald hinter Friedrichshöhe gespenstisch überragt, links davon ist die Rennsteigwarte auf dem Eselsberg zu sehen. Im wochenends bewirtschafteten Wanderheim kann man sich noch einmal für den zweiten Teil der Tour stärken.

Der nach dem 1 m höheren Kieferle bei Steinheid nur zweithöchste, aber imposanteste Gipfel des Thüringer Schiefergebirges war mit seinem gusseisernen Aussichtssturm von 1902 jahrzehntelang ein beliebtes Ausflugsziel. Den Turm ließ der SED-Staat in den 60er Jahren zugunsten eines TV-Turms nebst Stasi-Horchposten abreißen, der populäre Gipfel wurde im Namen des Volkes fürs Volk gesperrt. Heute betreibt die Telekom die Sendeanlage, der neue Aussichtsturm wurde 1997 errichtet.

Zurück zum Abzweig: Über Stufen geht es in »dunklen Tann« hinab, doch nach kaum 100 m treten Sie am **Thüringer-Wald-Blick** (Sitzbänke rechts, z. Zt. vermodert, Aussicht zugewachsen) wieder ins helle Licht des Tages hinaus.

Der Pfad führt weiter steil bergab, wobei man linker Hand die beiden Gleichberge aus dem Tiefland aufragen sieht, einst ein keltisches Zentrum. Unten gehen wir am Wegestern nach rechts und dann vorne an der Gabelung links (Markierung grüner Balken).

Am Wegedreieck nach etwa 1 km gehen wir geradeaus, sofort rechts Richtung Saargrund (Markierung grüner Punkt) und dann gleich links ab. Wir treffen gleich noch einmal auf einen Fahrweg, biegen aber sofort wieder links auf den grasigen Weg ab, der bald einen weiteren Fahrweg kreuzt und dann als schmaler Pfad im Zickzack den steilen Berghang hinunter führt (weiter grüner Punkt).

Unten treffen Sie auf einen Forstfahrweg, folgen ihm kurz nach links, dann zweigt der Zickzackpfad wieder rechts hinab ab. Unten folgen Sie dem Forstweg nach rechts weiter bergab durch die scharfe Linkskurve und gehen dahinter an der Gabelung auf dem linken Zweig weiter, der in sachter Neigung am Hang entlangführt, nur noch wenige Meter oberhalb der Durchgangsstraße von **Saargrund** (2.30 Std.).

Achtung: Verpassen Sie nicht den Pfad, der nach ca. 200 m rechts hinab zur Straße führt und genau gegenüber der zur Zeit geschlossenen Gaststätte Zum Bleß auf diese trifft. Hier zweigt auch eine Dorfstraße ab, der Sie nun in ein Seitental folgen (Wanderbeschilderung Richtung Friedrichshöhe u.a., Markierung roter Balken).

Am Ortsausgang endet der Asphalt, später gehen wir an den beiden einzeln stehenden Häusern vorbei, dahinter an der Gabelung rechts. Der Weg führt nun an der linken Seite des stillverträumten **Pechgrundes** stetig bergan, wobei die für das Schiefergebirge charakteristische Mischung aus rötlichem und schiefrig grauem Bodengestein auffällt.

Oben an der Wegegabelung bleiben Sie links auf dem Hauptweg, der zunächst scharf, dann wieder gemächlicher durch das idyllische Bachtal aufsteigt, dann tauchen auch schon die ersten Häuser von **Friedrichshöhe** (3.30 Std.) auf.

Vorbereitung für den Winter

Tour 16

Eine Perle des Schiefergebirges

Der Schwarza-Stausee bei Scheibe-Alsbach

Wir folgen dem Rennsteig zunächst über den Sandberg, der einst Rohstofflieferant für das Thüringer Porzellan war. Vom Aussichtspunkt Weidmannsheil dann lässt sich die Landschaft um den Schwarza-Stausee schön überschauen, dessen Staumauer schließlich auf unserem Heimweg liegt.

DIE WANDERUNG IN KÜRZE

+ Anspruch

2.30 Std. Gehzeit

9 km Länge

Charakter: Einfache Tour auf überwiegend guten Wegen, ein steilerer Anstieg und ein ebensolcher Abstieg

Wanderkarte: Kompass Wander-, Radtouren und Langlaufkarte 1: 500000, Blatt 1022, Östlicher Thüringer Wald

Einkehrmöglichkeiten: Nur in Limbach; unterwegs keine

Anfahrt: B 281 Eisfeld – Triptis (A9) nach Limbach

Von **Limbach** aus folgen Sie zunächst dem Rennsteig (s. S. 47) über den Skilifthang mit dem leider recht baufälligen **Greinerschen Erbbegräbnis,** in dem Gotthilf Greiner ruht, der Erfinder des Thüringer Porzellans. Sie folgen dem Rennsteig auf den Gipfel des **Sandberges** (30 Min.) und weiter über den Kamm. Aus dem tiefen Krater rechts wurde die kostbare Porzellanerde für das Greinersche Unternehmen gewonnen. Ein Hohlweg führt hinab zum **Parkplatz Sandwieschen** (Schutzhütte) und wieder hinauf bis zur Wegekreuzung bei der Schutzhütte am Rollkopf. Während der Rennsteig geradeaus weiterführt, gehen wir aber links zum Aussichtspunkt **Weidmannsheil** (Schutzhütte, Rastplatz).

Sie werden sicher eine Weile die prächtige Aussicht auf den

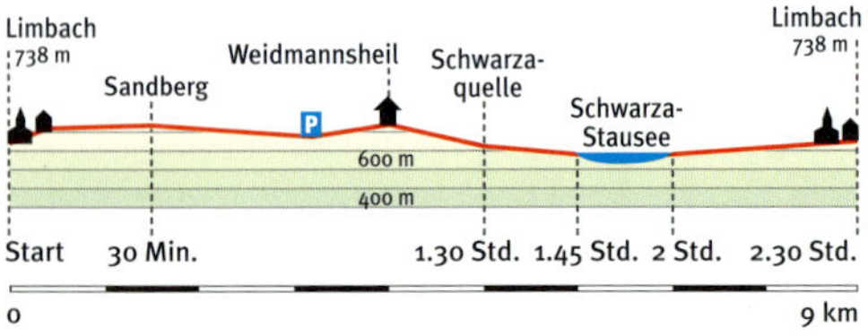

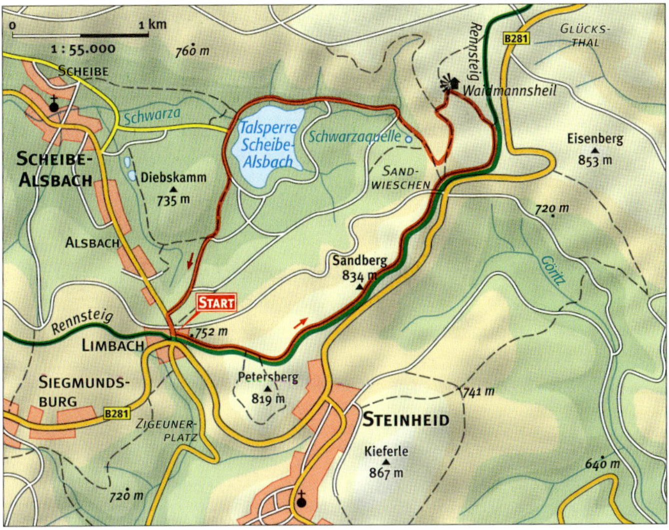

Schwarza-Stausee genießen. Der Weiterweg führt unterhalb der Schutzhütte links bergab und dann als schöner Hangweg an der Bergflanke entlang.

Unten kreuzt der Pfad schräg nach rechts einen geschotterten Forstweg Richtung Schwarzaquelle. An der bald folgenden Gabelung haben Sie die freie Wahl: Die beiden Zweige vereinigen sich später wieder. Der Weg macht bald einen Linksknick, unten gehen wir geradeaus, wo schon das Dach der Schutzhütte bei der **Schwarzaquelle** (1.30 Std.) zu sehen ist, die rechter Hand aus der Fassung von 1855 sprudelt.

Wir folgen nun dem Lauf der jungen Schwarza Richtung Stausee (Markierung grüner Balken). Unten kreuzen wir einen Forstfahrweg und erreichen schließlich das Ufer des **Schwarza-Stausees** (1.45 Std.), dem wir rechts herum zur Staumauer folgen.

Die 1937–42 an der Stelle eines vormaligen Flößteichs angelegte Talsperre dient nicht nur als Trinkwasserspeicher mit einem Fassungsvermögen von knapp 2 Mio. m^3, sondern auch als Hochwasserschutz für das Schwarzatal.

Hinter der **Staumauer** (2 Std.) wandern wir zunächst auf schattigem Uferweg weiter, biegen dann aber bei erster Gelegenheit halbrechts auf den grasigen Weg ab, der sacht an der Flanke des Diebskamms ansteigt. Oben folgen wir dann dem asphaltierten Fahrweg hinauf nach **Limbach** (2.30 Std.), zum Schluss noch ein ganz kurzes Stück Landstraße.

Über die Richtstatt zum Rennsteig

Die Griffelbrüche bei Spechtsbrunn

Das Schiefergebirge zog die Menschen einst nicht wegen der landschaftlichen Reize, sondern wegen der Erwerbschancen an. In der gewerbefleißigen Blütezeit dieser Gegend wurden hier die Griffel der früheren ABC-Schützen erzeugt.

DIE WANDERUNG IN KÜRZE

++ Anspruch

5 Std. Gehzeit

18 km Länge

Charakter: Wegen des 6 km langen Anstiegs mittelschwer, ansonsten eher leicht

Wanderkarte: Fritsch Wanderkarte 1: 50000, Blatt 51, Naturpark Frankenwald

Einkehrmöglichkeiten: Forsthaus Brand (Di Ruhetag), Spechtsbrunn

Anfahrt: B 281 Eisfeld – Triptis(A9) bis zwischen Lichte und Schmiedefeld, dort Abzweig der Landstraße über Piesau nach Spechtsbrunn

In **Spechtsbrunn** gehen Sie vom Gasthaus Am Rennsteig aus kurz die Sonneberger Straße hinunter und biegen dann in die erste Straße links ab, die Sie – immer geradeaus – an der schiefergedeckten Kirche vorbei aus dem Ort und ins »stillverträumte« Pfmersbachtal führt, dem Sie nun immer talabwärts folgen.

Bei der Einmündung ins Olsetal unterhalb der letzten Häuser von **Schneidemühle** (1.30 Std.) kreuzen Sie die Straße und beginnen den Anstieg Richtung Vorwerk.

Bei den ersten Häusern von **Vorwerk** (2 Std.) treffen Sie auf die Straße, folgen ihr kurz nach rechts und biegen in der Rechtskurve links Richtung Limberg u.a. ab. An der Gabelung hinter dem letzten Haus gehen Sie halbrechts auf dem Hauptweg Richtung Limberg und im Wald gleich am Abzweig noch einmal rechts Richtung Richtstatt u.a.

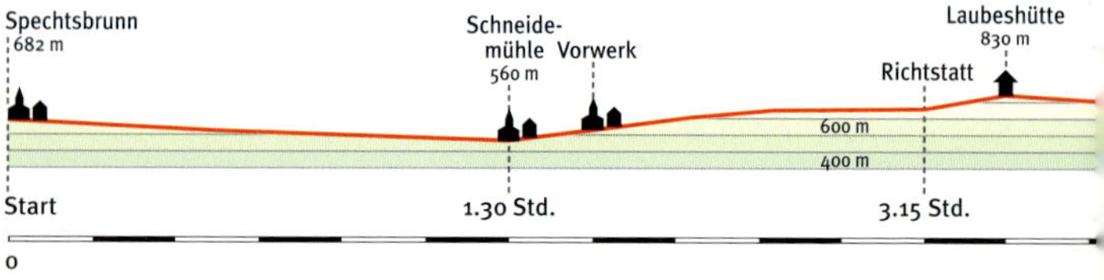

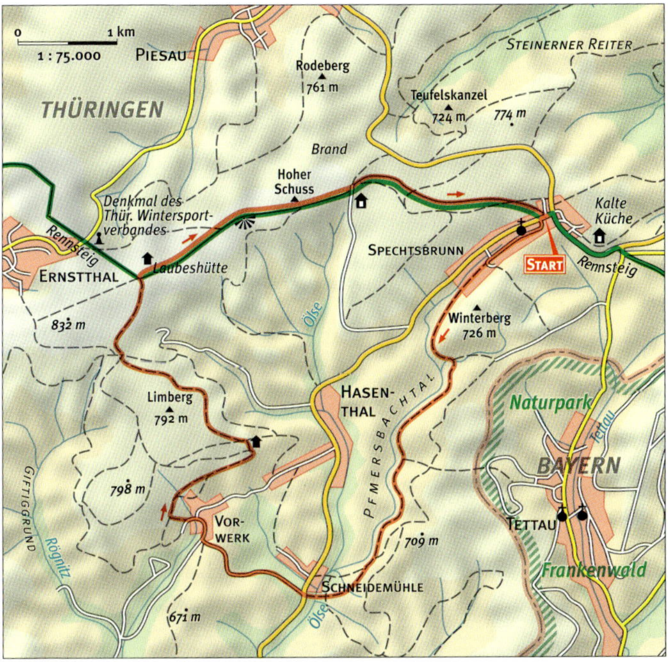

Am nächsten Abzweig gehen wir links bergan Richtung Limberg, am dann folgenden rechts, auf dem grasigen, an der Bergflanke entlang sacht ansteigenden Weg, später durch die Kurve und etwas stärker ansteigend durch schönen Fichten /Buchen-Hochwald.

Kurz hinter der Windbruchlichtung kreuzt unser Wanderweg einen grasigen Forstweg und führt über ein paar Stufen hinauf und als schmaler Pfad weiter bergan. Bald lädt eine überdachte Sitzgruppe zu einer Zwischenrast ein.

Vorne am nahen Wegedreieck gehen wir geradeaus Richtung Rennsteig u.a. (Markierung roter Balken). Auf dem nun die Höhe haltenden Weg erreichen wir nach etwa 1 km das Wegedreieck an der **Richtstatt** (3.15 Std.), wo einst ein Räuber, der in den umliegenden Wäldern sein Unwesen getrieben hatte, enthauptet worden ist.

Gehen Sie noch ein kurzes Stück geradeaus weiter, bis der Wiesenweg Richtung Rennsteig rechts abzweigt. Der stellenweise steile »Stich« führt hinauf zum Forstort **Laubeshütte,** einer Wegekreuzung, bei der Sie auf den von links einbiegenden **Rennsteig** treffen, dem Sie nun geradeaus folgen.

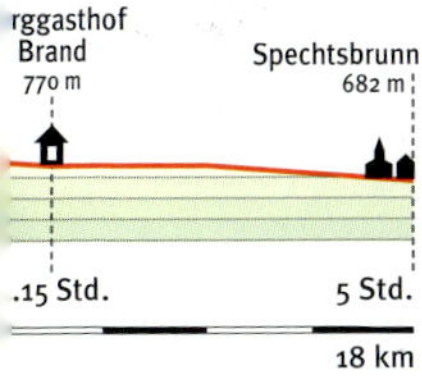

Dort, wo der Rennsteig beim **Triniusblick** (Stichpfad rechts; Rastplatz) einen Forstfahrweg kreuzt, folgen Sie diesem – statt dem Rennsteig – nach rechts zum **Forsthaus Brand** (4.15 Std.).

Ausgangs des Waldes bietet sich eine weite Aussicht zum Frankenwald – und links des Weges ein schöner Einblick in den größten Griffelbruch der Gegend. Von hier stammten die Schiefergriffel, mit denen frühere Generationen das ABC erlernten! Der hiesige Schiefer ließ sich nicht in haltbaren Platten abbauen wie der von Lehesten (Tour 18), wohl aber in Stäbchen spalten, die in den umliegenden Dörfern gerundet, geglättet und für den Export in alle Welt verpackt wurden. Die umherliegenden länglichen Bruchstücke zeigen schön die Natur des Gesteins.

Wenn man die leicht abzuriegelnde Lage am Berghang bedenkt, leuchtet ein, warum die Stasi sich hier ein niedliches Feriennest eingerichtet hatte. Der heutige Gasthof hat aber eine noch ältere Tradition und geht auf die Großhütte des ehemaligen Steinbruchs zurück, war später Jugendherberge, 1944/45 Gestapo-Leitstelle.

Folgen Sie dann der Zufahrtsstraße weiter bergab bis zum Waldrand, wo Sie nach rechts wieder auf den Rennsteig abbiegen, der Sie zurück nach **Spechtsbunn** (5 Std.) führt.

Im Griffelbruch von Spechtsbrunn liegen noch Schieferstäbchen zum Bearbeiten bereit

Schieferbrüche am Wetzstein

Von Lehesten zum Schönwappenweg

Lehesten war um 1900 die »Schiefer-Hauptstadt« des europäischen Festlandes. Die größte Schieferplatte der Welt, eine Schiefergrube mit Technischem Denkmal, Wappengrenzsteine am Rennsteig, Wetzstein – ein fürwahr »steiniger Weg« ist diese Tour.

DIE WANDERUNG IN KÜRZE

+ Anspruch

4.30 Std. Gehzeit

13 km Länge

Charakter: Eher leichte Wanderung auf meist guten Wegen mit einem etwas längeren Anstieg zum Rennsteig hinauf

Wanderkarte: Fritsch Wanderkarte 1: 50 000, Blatt 51, Naturpark Frankenwald

Einkehrmöglichkeit: Wetzsteinhütte (z. Zt. nur sonntags 13.30–17 Uhr)

Anfahrt: A 9 bis Hirschberg/Lobenstein, B 90 bis Wurzbach, Landstraße nach Lehesten

Öffnungszeiten: Technisches Denkmal Historischer Schieferbergbau, Führungen (ca. 1.30 Std.): Di–Fr 10 Uhr; Sa/So 10 und 14 Uhr (1. März –31. Okt). Angemeldete Gruppenführungen sind ganzjährig auch zu anderen Zeiten möglich, Tel./Fax 03 66 53-222 12.

Ausgangspunkt der Wanderung ist die Kirche von **Lehesten.** Den Schlüssel erhält man im Haus Nr. 5 der unterhalb der Kirche hochführenden Kirchgasse (Fam. Seifert und Krauss). Neben dem sehr schönen Interieur und der Luther-Gedenkstätte in der ehemaligen Taufkapelle links des Altars (der Reformator hatte hier 1530 zu den Bergleuten gepredigt) ist die »größte Schiefertafel der Welt«, die im Eingangsbereich an die Teilnehmer des Krieges von 1870/71 erinnert, ein Anziehungspunkt ersten Ranges. Ein Transparent an der Rückwand des Gottesraumes mit der Aufschrift »Wir bleiben hier« erinnert an die Wendezeit, als sich auch in der Lehestener Kirche die Menschen sammelten.

Wir kreuzen unterhalb der Kirche die Durchgangsstraße in die Bahnhofstraße, Richtung Schieferlehrpfad, Technisches Denkmal, Markierung rotes Dreieck. Der Wanderweg folgt oben der Rechtskurve, hinter dem Parkplatz gehen Sie links und dann vor dem Firmengelände rechts in die Felder.

Erste kleinere Schieferschutthalden säumen als Vorboten des großen Staatsbruchs den Weg, dessen hier und da noch sichtbare Begrenzung und Schieferpflasterung zeigt, dass wir auf einem alten Fuhrweg marschieren.

An der Gabelung gehen wir rechts

Der Kurfürstenstein

etwas bergab auf eine große Schieferhalde zu, die sich weit in die Felder vorschiebt. Unten folgen wir dem »Schieferlehrpfad« nach links und erreichen bald den **Staatsbruch** (30 Min.).

Schon die aus Schiefergestein trocken gefügte Umfassungsmauer des bis 1918 »Herzoglich Sachsen-Meiningischen« Betriebes ist beachtenswert. Nach Betreten des Geländes wenden wir uns nach rechts und gehen dann gegen Ende der Häuserreihe links hinunter. Unten fällt das zeltartige Dach des Pferdegöpels von 1846 auf, der unmittelbar am Steilabbruch der Schiefergrube steht: Ursprünglich wurde die Mechanik zur Förderung des Gesteins durch im Inneren im Kreis laufende Pferde betrieben. Heute ist noch das Räderwerk einer dampfbetriebenen Fördermaschine zu sehen, die 1865 eingebaut wurde.

Zu den weiteren Gebäuden zählt die Spalthütte, die wie der Göpel im Rahmen einer sehr informativen Führung besichtigt werden kann. Dabei wird u. a. auch die schwierige Kunst des Schieferspaltens vorgeführt, die heute fast ausgestorben ist.

Wir verlassen das Grubengelände nach rechts, gehen halblinks auf schmalem Waldpfad zur Straße und dort nach links am Parkplatz vorbei. Dahinter biegen wir in der Kurve links ab ins **Loquitztal** Richtung Wetzstein u. a. (Markierung rotes Dreieck).

Wenn der Weg sich nach einem knappen Kilometer gabelt, folgen wir dem unmarkierten Weg rechts, der durch ein waldverträumtes Seitental an der Flanke des Kießlich zum Rennsteig hinaufführt (an der Wegekreuzung beim Teich weiter geradeaus).

Wir erreichen schließlich Plattenweg und Rodungsstreifen des einstigen Eisernen Vorhangs, die wir einfach zum »bayerischen Wald« hinüber queren – und treffen dort auf den **Rennsteig** (1.20 Std.), dem wir nach links folgen (Markierung »R«).

Wir treffen gleich auf den **Kleinen Bischofsstein** von 1651 mit dem

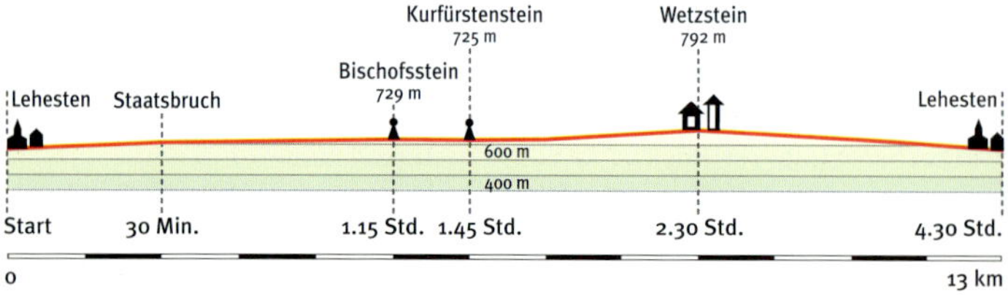

Bamberger Löwen (Rückseite sächsisches Wappen), kleinster der vier bedeutenden Wappengrenzsteine, welche diesem nur etwa 1 km langen Rennsteigabschnitt den Namen **Schönwappenweg** einbrachten (Einzelheiten dieses Rennsteigabschnitts s. S. 56).

Kurz danach führt der Rennsteig vom Hauptweg ab geradeaus als schmaler Pfad weiter. Nach wenigen Metern steht rechts der **Große Bischofsstein** von 1619 mit dem sächsischen Wappen vorne und dem Bamberger Wappen auf der Rückseite.

Achtung: An der bald folgenden Wegekreuzung folgen wir dem Rennsteig geradeaus (auch wenn das Schild links Richtung Wetzstein weist) und erreichen bald den **Kurfürstenstein** von 1513, den ältesten Wappengrenzstein im deutschen Sprachraum. Die Vorderseite zeigt das kursächsische Doppelwappen (gekreuzte Schwerter Kursachsens und Rautenkranz des Stammhauses Wettin), die Rückseite das Wappen des Bamberger Bischofs.

Der Rennsteig kreuzt nun den ehemaligen Grenzstreifen zum Rastplatz mit Schutzhütte und taucht dahinter in den Wald ein. Bald erreichen wir eine Gabelung, an der wir den Rennsteig nach rechts weiter ziehen lassen, wir aber gehen geradeaus zum nahen Wegedreieck und dort geradeaus Richtung Lehesten u.a., Markierung nun wieder rotes Dreieck (und 3).

Achtung dann: Dort, wo nach gut 1 km von links ein anderer Forstweg herauf kommt, zweigt unser Wanderweg rechts ansteigend Richtung Wetzstein ab, dessen Gipfelplateau wir beim 2001/02 neu erbauten **Altvaterturms** (2.30 Std.; Gaststätte geplant) erreichen. Er ist eine exakte

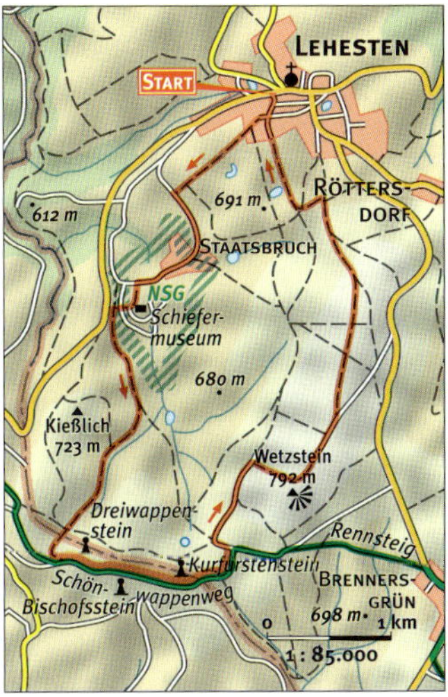

Nachbildung des ehemaligen Wahrzeichens des Altvatergebirges (Sudetenland, heute Tschechien) und gewissermaßen Ersatz für den ursprünglich nach der Wende geplanten Neubau des Bismarckturms, der an den geringen Mitteln des Thüringerwald-Vereins scheiterte. Da sprangen Sudetendeutsche ein und verwirklichten hier fern der Heimat einen lange gehegten Traum (der ursprüngliche Altvaterturm war in den 1950er Jahren wegen Baufälligkeit abgerissen worden).

Wir gehen nach rechts, wo vor der Relaisstation des Amateurradioklubs Lehesten die **Wetzsteinhütte** sonntags von 13.30–17 Uhr für die Stärkung der Wanderer sorgt.

Links herum am Zaun entlang gehend gelangt man auf den **Gipfel** des **Wetzsteins** (2.30 Std.), von dem man bei guter Sicht einen phantastischen Blick nach Osten genießen kann. Nicht weit entfernt sehen wir Grumbach auf dem Wiesenplan liegen, über den ein Stück links des Ortes der Rennsteig zieht. Bis 1979 krönte der Bismarckturm von 1902 den Wetzstein, bis er Radar- und Horchanlagen des Arbeiter- und Bauernstaates weichen musste.

Wir gehen zurück zum Altvaterturm – bzw. seiner Baustelle – und noch 100 m weiter, wo wir links über den Steg den Graben queren und dann dem schönen Pfad in den Wald folgen (Markierung gelber Balken).

Einmal wird ein geschotterter Fahrweg gekreuzt, an Abzweigen halten wir uns immer geradeaus auf dem Hauptpfad. Schließlich erreichen wir einen Fahrweg, folgen ihm kurz nach rechts – Lehesten liegt schon vor uns in der Senke – und gehen am Wegedreieck dann links mit schönem Blick auf den Ort am Waldrand entlangt.

Bei nächster Gelegenheit biegen wir rechts auf den Feldweg ab, der auf ein Gehölz zu führt – hinter dem ein Grubensee zum Abschluss unserer Wanderung dem Schieferbergbau nochmal eine malerische Seite abgewinnt. An der Wegegabelung nehmen wir den kleineren, rechten Weg, der am Rande der Schieferhalde entlang zurück nach **Lehesten** (4.30 Std.) führt.

Die Lehestener Schieferbrüche

»Blaues Gold«? Fällt einem bei Schiefer nicht eher das sprichwörtliche Grau ein? Das kann freilich in vielen Schattierungen zum Dunklen hin spielen – bis endlich ein Schimmer von Blau aufscheint: die edelste Sorte.

Nirgendwo sonst auf dem europäischen Kontinent ließ der Schiefer sich besser abbauen als im Raum Lehesten. Entscheidend war, dass Ausrichtung des Lagerhorizonts sowie besonders dichte Verfaltung und Verschuppung des Gesteins »stimmten«, damit Schiefer überhaupt in Platten abgebaut werden konnte. Und das sollte er unbedingt, denn blauer Schiefer enthält besonders wenige Verunreinigungen und ist daher höchst witterungsbeständig, was ihn für Dach- und Wandverkleidungen hervorragend geeignet macht.

Blauschiefer in seiner reinsten, feinkörnigsten Form kennen alle, die das ABC noch auf Schiefertafeln geübt haben, die zumeist aus der hiesigen Gegend kamen. Fehlte nur noch das Schreibgerät, und siehe da, es fand sich ganz in der Nähe: weniger edler, dafür aber abriebstarker Griffelschiefer (s. S. 148).

1485 erstmals aktenkundig, wird doch schon mindestens seit dem 13. Jh. bei Lehesten Schiefer abgebaut. Wiener Hofburg, Würzburger Dom und viele andere Kirchen und Schlösser, Amts-, Bürger- und Bauernhäuser wurden mit dem dauerhaften und zugleich eleganten Lehestener Schiefer gedeckt, der gut und gerne seine 300 Jahre hält – einzig die durchrostenden Befestigungsnägel setzen seiner Lebenszeit Grenzen.

Den größten Aufschwung nahm der Schieferabbau, als um die Mitte des 19. Jh. das Eindecken von Gebäuden mit Stroh oder Holzschindeln aus Brandschutzgründen verboten wurde. In der Blütezeit des Lehestener Bergbaus um 1890 brachen rund 2000 Arbeiter in den rundum verstreuten Gruben das Schiefergestein, das gleich vor Ort in Platten gespalten und in passende Größen geschnitten bzw. gesägt wurde. Mitte der 1970er Jahre wurde der Tagebau, Ende der 90er auch der Untertagebau eingestellt.

Register

Abbildungsnachweis

Klaus G. und Constantin Beyer, Weimar S. 106, 160
Fotostudio Böttcher, Berlin S. 81
Stefan Etzel, Frankfurt/Main S. 2, 9, 21, 25, 34, 37, 39, 42, 46, 50, 57, 59, 62, 63, 74, 75, 86, 96, 97, 114, 120, 124, 126, 136, 142, 143, 148, 150
Thomas Härtrich (Transit Archiv), Leipzig, Titelbild, S. 1, 6, 10, 12, 14
R. Kiedrowski, Ratingen S. 8, 93
Hans Seyfried, Ruhla S. 17

Karten und Höhenprofile: Berndtson & Berndtson Productions GmbH, © DuMont Buchverlag, Köln

Impressum

Titelbild: Wandern auf dem Rennsteig im »grünen Herz Deutschlands«

Über den Autor: Stefan Etzel, geboren 1949 in Fulda, studierte in Frankfurt und Freiburg Germanistik, Volkswirtschaft und Politik, danach Lehrtätigkeit und Promotion, seit 1987 freiberuflicher Buchautor. Nach zahlreichen Reisen inner- und außerhalb Europas konzentriert sich sein Interesse zur Zeit auf die deutschen Landschaften. Den Rennsteig und seine Umgebung hat er seit seiner Wiedereröffnung auf mehreren Wanderfahrten erkundet.

Die deutsche Bibliothek – CIP-Einheitsaufnahme

Etzel, Stefan :
Wandern auf dem Rennsteig – Thüringer Wald / Stefan Etzel. -
Köln : DuMont 2001
DuMont aktiv
ISBN 3-7701-5427-4

Graphisches Konzept: Groschwitz, Hamburg

Druck: Rasch, Bramsche
Buchbinderische Verarbeitung: Bramscher Buchbinder Betriebe

ISBN 3-7701-5427-4